Zet je hart uit je hoofd

TOON HERMANS

Zet je hart
uit je hoofd

Fontein

ISBN 90 261 0265 8
© 1987 Toon Hermans/Uitgeverij De Fontein, Baarn
Omslag schilderij Toon Hermans
Ontwerp omslag Peter Koch

Verspreiding voor België:
Uitgeverij Westland nv, Schoten

't Is middag in het ziekenhuis.
We hebben al gegeten.
Het is nu heel stil.
Dat is het elke dag rond dit uur.
Altijd dezelfde stilte.
Dan ineens is er geluid.
Een geluid dat elke dag anders is.
Het bezoek.
Vanuit mijn bed kan ik ze zien komen.
Ze hebben bloemen bij zich of fruit,
en de kinderen hebben tekeningen gemaakt
met kleurpotloden.
Ik zie ze lopen door de hoge ramen
van de lange witte gang.
Ze praten met heel andere stemmen
dan de mensen hier, binnen het gebouw.
Het beeld spreekt me sterk aan.
Ik kijk er elke dag weer naar.
Hoe mensen om elkaar geven
en naar elkaar verlangen
hier in dit huis.
Zou dat niet altijd zo kunnen... denk ik.

Ik wist het al een beetje, maar nú
weet ik zeker wat mensen voor elkaar
kunnen betekenen.

Ik wist dat twee mensen naar elkaar toe
kunnen groeien in een warme diepe liefde
maar nu weet ik zeker dat miljoenen
mensen dat ook zouden kunnen.
Overal.

De toestand in deze wereld
wordt bepaald door wat mensen voor elkaar
betekenen.

Wij maken eigen hemelen en eigen hellen.

Inleiding

Het is al weer meer dan twee jaar geleden dat de cardioloog Frits van Bemmel mij zei: 'Mijnheer Hermans, ik heb een vervelende mededeling voor u.' Nog geen drie weken later hoorde ik van een andere medicus, de chirurg Paul Knaepen: 'Ik heb jouw hart in mijn handen gehad, en ik kan je wel zeggen: Je hebt een jong hart, en mooie vaten tot in de kleinste vertakkingen.' Dat klonk me, pal na de bypass-operatie, terwijl ik nog in een vreemde schemertoestand verkeerde, als muziek in mijn oren. 'Je hebt een jong hart.' Kunt u zich voorstellen dat ik de eerste mededeling probeerde te vergeten en dat ik de tweede mededeling herhaaldelijk naar me toe trok als ik weer es in de rats zat?

Ik besloot tijdens die maanden aantekeningen te maken, over revalidatie, over angsten die blijven en weggaan, hoop, vreemde en goede raadgevingen, over de kunst van het vergeten en de oefeningen die je figuurlijk en letterlijk op het goede spoor kunnen brengen of houden.

Je moet dingen kunnen vergeten, bijvoorbeeld dat alles overheersende hart uit je hoofd leren zetten, om aan andere dingen te kunnen denken.

De aantekeningen, gemaakt op een lange weg van de operatie tot nu, heb ik in dit boekje verzameld.

Ik kan u geen medische of wetenschappelijke beschouwingen aanbieden, maar ik wil u gewoon – ik zou haast zeggen op veler verzoek – vertellen wat mij is overkomen en wat ik ermee heb gedaan. Ik hoop dat ik u met deze vluchtige notities iets kan vertellen waar u wat aan heeft.

Je zou kunnen zeggen dat ik dit boekje allereerst heb opgedragen aan de mensen die, wanneer zij het over hun hart hebben, over hun rikketik spreken. Dikwijls zijn het mensen die een bypass-operatie hebben ondergaan. Zij hebben de angst nog niet overwonnen en durven het woord 'hart' nog niet vrij uit te spreken; daarom hebben ze het over hun 'rikketik'. Die angst heb ik ook gekend. Ik wil nu in dit boek daarover vertellen op een wijze die uw angst wegneemt. U kunt dan weer gewoon praten over het hart, zoals het hoort. Het is een veel te mooi en betekenisvol woord om er een 'rikketik' van te maken. De vergelijking met het geluid van een klok gaat trouwens helemaal niet op, omdat een klok regelmatig slaat en een hart niet. Ik ben over de angst en het almaar denken aan het hart heen gekomen. Dat heb ik niet alleen gedaan; mijn vrouw en veel andere lieve mensen hebben meer voor mij gedaan dan ik voor mijzelf. Daarenboven heb ik duidelijk gevoeld dat er meer hulp was dan alleen maar menselijke hulp. Over deze gebeurtenissen en ervaringen en nog meer gaat dit boekje ook.

Er waren mensen die een kaars voor mij hebben ontstoken. Van mijn kant kan ik misschien met de gedachten over mijn belevenissen iets terugdoen.

Denkt u aan het begin van dit boekje vooral niet dat ik tijdens mijn ziekenhuisperiode en daarna geen angsten heb gehad. Vergeet het maar. Ik heb heel veel moeite moeten doen om de angst te overmeesteren. Telkens kwamen de beelden van de ziekenhuisperiode terug. En het is een hele toer om te aanvaarden en te geloven dat het ziekenhuis geen spookhuis is, maar een huis waar met veel liefde en zorg aan je wordt gewerkt.

Als de beelden van toen opdoemden, ging ik ze uiteindelijk bestrijden met de positieve gedachte dat ik blij mocht zijn weer naar buiten te kunnen, weer te wandelen, weer mijn werk te kunnen doen en weer te zijn opgenomen in de kring met alle mensen. Na zoveel ellende is dat een fantastische vreugde.

En als de angstgedachte toch weer opkwam, kon ik na vele maanden zeggen: 'Toen moest ik met een stok leren wandelen in een ziekenhuisgang, voetje voor voetje, en nu loop ik door mijn eigen huis, zoals ik er altijd door heb gelopen.' Angst leerde ik bestrijden met dankbaarheid.

Als het weer eens fout zat in mijn hoofd, was het eerste wat ik deed, naar buiten kijken. Ik keek dan in de tuin van mijn buurman, die internist is, en als hij toevallig in de tuin aan het werk was riep ik: 'Henk, kom je even een kopje koffie drinken?' En dan kwam hij. Voor al die kopjes koffie zou ik hem willen bedanken, want hij zette mij dan op het juiste spoor. Ben, onze huisarts? Ik heb wat met hem afgepraat. En uiteraard met mijn cardioloog, Frits. En wat dacht je van mijn fysiotherapeut Hans Hekker? Honderden kilometers heb ik met hem gefietst op een 'home-trainer', de Aubisque op en af. We hebben met ballen gegooid in de tuin en het bospad hebben we platgelopen. En wat we vooral samen deden, was lachen. Ik hoor hem nog zeggen: 'Jij maakt niet van een mug een olifant, nee, jij maakt van een mug een kudde olifanten.'

Nou ja, laat ik maar geen namen noemen, want dan moet ik ook René noemen, en Carl, Zef, Bennie, en Rietje voorál, maar over haar schreef ik al. Zonder haar was ik natuurlijk nergens.

Toen ik uit het ziekenhuis kwam, stond er een supergrote stoel in de huiskamer. Daar kon ik lekker in uitrusten, dacht ik. Maar later vond ik het wat overdreven. Dat soort extra zorg kan belastend zijn. Het kwam mij dan ook goed uit toen René op zekere dag zei: 'Het wordt nu langzamerhand tijd om die ouwe ziekelijke stoel es uit de kamer te slepen. Daar heb je nou lang genoeg in gezeten. Dat ding is zo beladen en herinnert alleen maar aan die moeilijke tijd. Gooi hem het raam uit of zet hem ergens anders.' We hebben er om gelachen, maar er zat veel waarheid in. Ik bedenk nu dat ik nooit eerder een eigen stoel heb gehad, ja, mijn kinderstoel, maar ook daar zat ik al niet zo lekker in.

Dit boekje heb ik geschreven voor al die mensen die nog in zo'n stoel zitten, maar ook voor die mensen die op een dag moeten zeggen: Gooi die stoel maar weg. Dus eigenlijk: voor alle mensen.

Lichaam

Je zou haast kunnen zeggen dat 'gezond zijn' een zaak is van 'denken'. Je kunt je ziek denken maar ook gezond denken.
Hoe dan ook; ziek zijn is niet alleen maar een lichamelijk gebeuren. We slaan ons lichaam nogal eens te hoog aan, omdat we het – en dat is toch ietwat voorbarig – koppelen aan de duur van ons leven.

We denken: als dat lijf maar krachtig is en sterk dan zit je goed, maar hoeveel mannen en vrouwen met krachtige en sterke lichamen zijn niet vroeg gestorven?

Wie te veel aandacht schenkt aan zijn lichaam heeft er meer last van dan iemand die dat niet doet.

Het moeilijk doen met je lichaam neemt iets weg van je flexibiliteit. Als je te 'lichamelijk' bent ga je er – zeker wanneer je lichaam door een of andere ziekte wat verzwakt – veel te veel over denken en dat is niet zo best. Door veelvuldig denken aan je lichaam ga je alle mogelijke en au fond onbelangrijke dingen opmerken en belangrijk vinden, en dat veroorzaakt op den duur frustraties.

Het is goed je lichaam te waarderen, en het zelfs te bewonderen in zijn ingenieusiteit maar dat is iets anders dan er voortdurend mee bezig te zijn en je er onnodige zorgen over te maken.

Tenslotte functioneert het lichaam het beste als je er helemaal niet aan denkt.

Hoe?

Wat ik wel wenselijk vind is een soort zelfcontrole.
Als je iets doet – weet je wat je doet – als je je stáát te scheren –
weet je dat je je staat te scheren – maar je weet lang niet altijd
hoe je dat doet.
Je moet leren de kleine dingen van de dag ontspannen te doen,
wat het ook is, of je nou koffie inschenkt of een brief schrijft –
het vergt enige oefening maar het zet wel zoden aan de dijk –.
Het is bekend dat mensen soms niet opgewassen zijn tegen
bijzonder grote spanningen – maar het is veel minder bekend
dat ook kleine spanningen die zich veelal dikwijls herhalen niet
bevorderlijk zijn voor hart en vaten. Dat laatste geldt ook voor
kleine spanningen als het wachten op een brief, een uitslag of
de spanning voordat een prestatie moet worden geleverd.
Het gekke is, dat je als je je gedragswijze wat intoomt, je het op
den duur nog leuk gaat vinden ook.
Ik had een oom die altijd zei: 'Doe het wat langzamer dan gaat
het vlugger.'

Raadsel

Wanneer een mens ziek wordt, zeker als hem dat niet vaak overkomt, staat hij onmiddellijk voor een raadsel. Hij weet niks over zijn lichaam, en nu mankeert hem plots iets. Wat is er aan de hand, de eerste angst steekt de kop op.

Hij gaat naar de arts. Als het een klusje is van voorbijgaande aard, dan is het leed gauw geleden. Maar als het anders gaat en je blijkt iets aan je hart te hebben, dan is het vooral belangrijk hoe het contact tussen arts en patiënt is, want het samenspel tussen die twee beïnvloedt vooral psychologisch de verdere gang van zaken.

Patiënt en arts moeten vanaf het moment van de conclusie dat er meer aan de hand is dan een onschuldig kwaaltje, alles en alles met elkaar kunnen bespreken. Is de afstand tussen die twee te groot, dan komt de patiënt terecht in een eenzame situatie en komt hij in de knel te zitten met de vragen, die hem beangstigen.

Natuurlijk reageert ieder mens op zijn eigen manier wanneer er iets mis dreigt te gaan met zijn hart. Voor de een is het een levensgevaarlijke bedreiging, voor de ander is er de wat luchtige reactie van: Ach, ziek of niet, *niemand* weet of hij over vijf minuten nog leeft. In beide gevallen is er wat moed voor nodig om te aanvaarden wat er met je aan de hand is. Ik geloof dat het professor Buitendijk was die zei: 'Een mens heeft moed nodig om gelukkig te zijn.' Die uitspraak geldt voor gezonde mensen én voor mensen die een tegenslag krijgen. Nou weet ik wel dat moed niet ineens komt aanwaaien, zo van: En nou zal ik eens even moedig zijn, klaar terwijl u wacht. Zo gaat het niet. Moed verzamel je. Beetje bij beetje. En het raadsel is nu dat je dat juist in een periode van ziekte kunt leren. Een simpel voorbeeld: De vraag of je bij dit weer naar buiten zult gaan, of is het te koud? Het antwoord is: Doen! En als het je lukt heb je er weer een beetje moed bij, en ik verzeker u dat er een dag komt dat al die beetjes moed bij elkaar voldoende blijken te zijn om alle volgende dagen beter aan te kunnen.

De weter en de niet-weter

In veel situaties is de ene mens de weter en de andere de niet-weter. Vraag je bijvoorbeeld iemand de weg naar de Oranjesingel, dan ben je de niet-weter, en degene die het antwoord weet is natuurlijk de weter. In negen van de tien gevallen voelt de weter zich gevleid dat hij iets weet wat jij niet weet. Hij probeert meestal zijn voordelige positie te versterken door niet zomaar losjes te zeggen: 'Oranjesingel? Derde straat rechts', nee, hij zegt eerst een paar zinnen in de geest van: 'Oranjesingel? Nou... daar vraagt u me wat. Ogenblikje. Even denken hoe u daar nou het makkelijkst kunt komen. Van hieruit is dat niet eens zo gemakkelijk. U kunt hier niet draaien, die straat loopt dood, en daar mag je niet in. Even kijken, even kijken.' Enfin, hij verkoopt zijn kennis zo duur mogelijk. Tenslotte komt het toch gewoon op 'Derde straat rechts' neer, maar dan heeft hij zijn voorsprong en belangrijkheid als weter al breed uitgemeten.

Zulke situaties heb je ook elders. Ook bij de dokter. De dokter is de weter, jij de niet-weter. De niet-weter kan door dit feit alleen al wat angstig worden. Het is nu zaak voor de dokter je zo min mogelijk als een niet-weter te behandelen, anders verlies je de kracht van je eigen persoonlijkheid, die je juist zo hard nodig hebt. Je moet je in die situatie niet gaan voelen als een onwetend ding dat van hot naar her wordt geschoven, maar als een mens die zijn zelfbesef niet verliezen wil en die van de weter, tegen wie hij niet hoeft op te zien, alleen maar wil weten wat eraan schort. En de arts moet op zijn beurt weten dat hij als weter niet belangrijker is dan de mens voor hem, ook al omdat er veel meer is dan het 'weten' tijdens een ziekteproces. Wat 'weet' een arts van al die psychologische verschillen tussen mensen, van al die verschillende manieren van reageren die van zoveel invloed kunnen zijn op een genezingsproces?

Eerlijk gezegd zijn wij om beurten weter en niet-weter. We kunnen elkaar beter de hand schudden, dan elkaar de les te lezen.

Keiharde feiten

Doktoren moeten soms uitgaan van keiharde feiten die zij aan de patiënten meedelen. Ik geloof hen wat die keiharde feiten betreft op hun woord, daar hoeft geen twijfel over te bestaan. Toch zal ik altijd blijven zeggen dat er naast, of beter gezegd tegenover de keiharde feiten ook even harde mysterieuze en misschien wel mystieke feiten staan, die meer dan eens voor onverklaarbare wendingen in een ziekteproces kunnen zorgen. Wie dat laatste over het hoofd ziet, laat aan het ziektegebeuren een stuk weg, dat misschien minder voor de hand ligt en minder concreet aantoonbaar is, maar dat naar mijn gevoel een even keihard feit is.

Aanvaarding

Aanvaarding is een grotere kracht dan verzet.

Jezelf blijven

Als je lange tijd ziek bent, verlies je het contact met wat het normale leven heet en voel je je niet meer één met je gezonde medemensen. Je bent immers patiënt, ja, je voelt je toch minder dan alle andere mensen? Je kan niet meer wat je voordien wel kon, je durft niet meer wat je vroeger wel durfde, en zo kom je in een negatieve spiraal terecht die funest is. Je gaat jezelf zien met je eigen negatieve gevoel, met je eigen zelfbeklag, en langzamerhand zie je jezelf niet meer zoals je was, maar zoals je denkt dat je bent: Een niet meer volwaardig mens, een patiënt die voor weinigen meer telt. Je raakt ontmoedigd en daardoor ontneem je jezelf de kracht die je juist sterker had moeten maken.

Probeer dus onder alle omstandigheden jezelf te blijven, laat jezelf niet los, behoud je ideeën en je plannen, houd de dingen vast die je lief en dierbaar zijn.

Blijf jezelf. Niet meer en niet minder. Laat je jezelf los en zie je jezelf als patiënt, dan verlies je onherroepelijk aan kracht. Natuurlijk zijn er geneesheren die je willen helpen. Zij zullen je ook goede diensten bewijzen, maar houd vóór alles de gedachte vast dat je zelf een boel aan je genezing moet doen. Je kunt het niet overlaten aan een ander mens die even bij jou op visite komt, en dan weer het huis verlaat om zich naar een ander te spoeden die met weer andere moeilijkheden zit. Je moet je ook niet aan doktoren ondergeschikt maken, niet verwachten dat het magiërs of tovenaars zijn, want dat zijn ze niet. Ik heb es een huisarts gehad die altijd als hij binnenkwam zei: ''k Voel me helemaal niet zo lekker vandaag.'

Geen imponerend entree, maar wel heel menselijk.

Het oog wil ook wat

Ik zou niet onmiddellijk weten hoe het wél zou moeten, maar dat het in de ziekenhuizen wel wat vrolijker zou kunnen zijn, staat voor mij vast. Natuurlijk, er is een heleboel verdriet, en je kan er geen one-man-show van maken, maar er zijn zo van die kleine dingen die het ziekenhuis extra treurig maken.

De patiënten die op hun sloffen door de gang sloffen, met zo'n flodderende pyjamabroek onder hun kamerjas. Als die nou eens een leuk hemdje aan deden met een dasje? Of gewoon hun eigen broek van alledag. En als zij hun voeten met sokken eens in een paar schoenen staken, in plaats van in die sloffende sloffen. Zou dat al niet wat schelen? Ook stel ik voor dat het verkeer in het ziekenhuis wordt omgeleid, zodat je niet altijd en overal patiënten tegenkomt die op brancards liggen, op weg naar de operatiekamer of net ervandaan komend. Ik geloof dat het een stuk scheelt als je de patiënten een aantal van die dramatische beelden kunt besparen en hun blik weer naar buiten kunt leiden, naar het groen en naar de hemel en de wolken, in plaats van naar binnen.

Terwijl thuis de gezonde mensen in een gezellige kamer eten aan een gedekte tafel met behoorlijk bestek, moeten de zieken in schamele vertrekken het doen met een tafeltje van niks en een niet al te best stoeltje, met het bestek in een papiertje, en de jus d'orange in een plastic bekertje. Terwijl zieken toch meer aandacht nodig hebben dan gezonden!

Het zal wel waar zijn dat de medische hulp in Europa op een hoog peil staat en dat er wetenschappelijk gezien in de ziekenhuizen geweldige dingen gebeuren. Maar een mens is nu eenmaal meer dan een lichaam en het oog wil ook wat.

Cardiologen

Cardiologen zijn ook maar mensen en je moet ze als zodanig blijven zien. Verwacht geen wonderen van hen. Zij kunnen over de lengte van een mensenleven niet veel meer zeggen dan wij. Niemand van ons kan immers precies zeggen hoe lang iemand leeft. Iemand die hartklachten heeft gehad, hoeft niet korter te leven dan een ander. Ongerustheid over het feit dat elke dag zijn laatste dag kan zijn, deelt hij met iedereen. Je wilt leven, en je moet je bewust worden dat die kans op leven niet verminderd is na een operatie. Dat je evenveel kans hebt om te leven als andere mensen, die geen operatie ondergingen, is een geruststellende gedachte.

Er wordt soms door doktoren beweerd, dat je hart veel sterker is dan vóór de ingreep. Dat is een positieve uitspraak die je goed doet en die niet op beloftes is gebaseerd, maar op een meetbare werkelijkheid. En ondanks zo'n uitspraak weten wij dat het werkelijke geheim van het leven ondoorgrondelijk is, hoe ver de wetenschap ook is met het ontraadselen van geheimen.

Er staat in de bijbel: 'Er valt geen blad te vroeg van de boom...' en in die dagen was er nog geen sprake van bypass-operaties. De cardioloog kan je honderden dingen vertellen over het hart, over waar pijntje zus en waar pijntje zo vandaan komt. Maar toch... al kan hij alles tot in de details uitleggen, geloof ik dat wat níet uit te leggen is nét zo belangrijk is. Zo kun je je op een gegeven moment heel erg goed voelen. Je hebt er geen verklaring voor, maar je gelooft het: Gisteren was er nog de innerlijke overtuiging dat het niet goed ging, en vandaag voel je dat het allemaal voorbij is. Plotseling is er het moment waar je de hele revalidatieperiode op hebt gewacht: Je voelt je goed, bevrijd van angst. Je hebt er geen verklaring voor, je kunt niet uitleggen waar het vandaan komt, je kunt er alleen maar blij en dankbaar over zijn. Het is alsof er plotseling een deur is opengegaan, waardoor er een ander, nieuw licht bij je is gekomen, dat het lichamelijke van de ziekte naar de achtergrond duwt en je geloof in het nieuwe, het levende, helder maakt.

Souffleren

Ik ben niet zo dol op het woord 'succes'. Het heeft zoveel te maken met geldingsdrang, met koste wat het kost succes willen hebben. Je kunt gewoon succes hebben zonder dat daar geldingsdrang of pronkzucht achter steekt. Daar heb ik het niet over, maar wel over het nastreven van succes om bij anderen in een goed blaadje te komen, om eer te behalen, om in de media het stralend middelpunt van de kijkers en lezers te zijn. Ik vraag me af of we ons van tijd tot tijd niet moeten afvragen welke successen wij voor onszelf behalen, los van het verbeteren van records. Wat verbeteren wij aan onszelf?

Zijn wij in staat om ons ongeduld in geduld om te zetten? Onze krenterigheid in vrijgevigheid? Kunnen wij onze angsten te lijf gaan en ze overwinnen?

Deze gedachte gaat door mijn hoofd als ik terugdenk aan de tijd van mijn hartoperatie. Wie ben je in de eenzaamheid van je ziekenkamer? Wie ben je als de zorgen jouw kant opkomen en de tribunes waar het jubelende volk op zat, leeg blijven? Welke successen kun je dan behalen voor jezelf? Waar houd je je aan vast? Hoe vang je de klap op? En hoe zoek je de weg terug naar de plek waar het spel nog in volle gang is?

Het waren allemaal vragen waarop ik heus niet precies het antwoord heb gevonden. Nu ik die optater achter de rug heb, heb ik wel het idee dat ik u iets kan influisteren waar u of een ander iets aan heeft. Ik zou u willen souffleren, opdat u niet dezelfde fouten maakt die ik heb gemaakt. Als dat lukt, heb ik op mijn manier een succesje geboekt. Dat heeft niets te maken met het behalen van het grote, publiektrekkende succes van mensen die almaar aan de top willen staan, dat begrijpt u wel.

'k Ben een hebberd

'k ben een hebberd
'k ben een hebberd
ik wil alle dagen top
en anders niet
'k ben een hebberd
'k ben een hebberd
daarom heb ik ook zo'n
hekel aan verdriet

ik wil geen enkel deukie in mijn bumper
ik wil geen enkel vlekkie op mijn jumper

'k ben een hebberd
'k ben een hebberd
maar op zekere dag dan roept het lieve leven: 'halt!'

en dan krijg ik op mijn donder
dat is heus niet zo bijzonder
want dan merk je dat er niets te hebben valt.

Niet piekeren

Als de mensen zeggen: 'Zit niet bij de pakken neer', dan schildert deze uitdrukking een tafereel van iemand die moedeloos op een bepaalde plek zit en het nauwelijks meer van belang vindt om ook nog maar één stap te verzetten.

De apothekers, die ons gezondheid willen verkopen, schrijven op grote affiches dat een mens moet bewegen, trimmen, joggen en in elk geval niet moet stilzitten.

Dat de mens het aan zijn lichaam verplicht is om er wat mee te *doen*, het in beweging te zetten, daar ben ik het roerend mee eens, afgezien van overdrijvingen op dit punt. Maar minstens even noodzakelijk is het om de geest in beweging te zetten.

Als de geest verstart in telkens terugkerende denkbeelden van negatieve aard, dan kan er een lusteloosheid over de mens vallen die hem geen goed doet.

Daarom zeg ik: Meer nog dan je lichamelijke oefeningen, gelden de oefeningen om je geest flexibel te houden.

Ooit heb ik eens verteld dat ik op een dag langs het water van de Bosbaan in Amsterdam liep, een beetje in mezelf verzonken. 's Avonds moest ik weer spelen in Carré. Ik kan niet zeggen dat ik er echt ontspannen bij liep. Plotseling hoorde ik uit de verte een hengelaar die langs de kant zat en mij had opgemerkt, keihard roepen:

'Toon, niet piekeren!' Ik hoor zijn stem nu nog echoën over het water.

Dat sloeg bij mij in als een bom. Misschien was die visser geen gediplomeerd zielenkenner, maar hij sloeg wel de spijker op zijn kop.

Eén tel later liep ik te glimlachen in mezelf.

De weg

Ik kreeg een 'kick' toen ik hoorde dat Bert Haanstra een paar jaar na een hartattaque alweer de jungle van Afrika introk om er met zijn camera te filmen. Ik las ook dat generaal Eisenhower zeven hartaanvallen overleefde en dat Winston Churchill ondanks zijn angina pectoris een overvol leven leidde tot in de tachtig.

Als je die dingen hoort of leest, wordt de gedachte: Als je hart niet meer klopt, dan ben je er geweest, een beetje verdrongen. En als doktoren je vervolgens vertellen dat met het hart medisch vaak meer te doen is dan met andere organen als lever of maag, dan groeit je hoop weer een beetje.

Zo word je ook van buitenaf in staat gesteld om iets aan je angst te doen en de spanningen om je hart wat te verlichten. Op zo'n moment ben je al bezig aan de weg terug naar de wereld waarin je leefde; je gaat je al wat gelijkwaardiger voelen aan andere mensen. Je staat op van de reservebank en je zet je eerste stappen, weg van die enge kleine wereld waarin de angst je geest en je hart bezwaart. Je gaat erin geloven en daar komt de kracht vandaan om te lopen.

Misschien ben je niet in staat om geloof uit jezelf te putten. Probeer het dan eens met wat hulp van boven en zoek je kracht in een gebed. Jezus heeft in de Hof van Gethsemane ook bij de Vader om hulp geroepen, Hij weet wat lijden is.

Ziek zijn is een weg die je moet afleggen, een slechte, donkere, vervelende weg. Als je aan het begin van de weg al denkt: Ik red het niet, ik haal het niet, dan kom je zeker in de problemen. Je moet voortdurend het lichtende einde voor ogen houden. Dan zul je merken dat het maar half zo donker wordt op je weg. Kijk niet op de klok. Vraag niet hoeveel kilometer je nog af moet leggen, maar ga lopen, knok er een beetje voor.

Als je de eerste schrik kwijt bent, die je opliep toen ze je vertelden dat er met je hart iets niet in orde was, ben je al een stuk verder. Geef niet toe aan de begrijpelijke negatieve gedachten, want als je je geest bezwaart, bezwaar je ook je hart. Vergelijk de situatie met een kamer waar je een bepaalde periode moet blijven. Dan kun je de gordijnen dichtdoen, in een stoel gaan zitten en helemaal verzinken in jezelf. Je kunt ook de gordijnen opendoen, zelfs de ramen, en de wereld naar binnen laten, het licht en de zon. Ga niet in jezelf piekeren, maar laat je gedachten naar buiten gaan, de ruimte in.

Doe je dat niet, dan word je zo het middelpunt van alles. Het kleinste pijntje ga je voelen en vergroten, je gaat ieder moment de thermometer raadplegen, de pols voelen en meer van dat soort dingen. En reken maar dat je daar nerveus van wordt. Je kunt met je geest en je wil jezelf ondermijnen maar ook kracht geven.

Kort samengevat komt het erop neer dat je een innerlijke rust moet bereiken. Die doet wonderen en is ook als je niets mankeert een sterk wapen om gezond te blijven. Je moet ertegen kunnen dat je ziek bent, uitgeschakeld bent, en je niet door die toestand bedreigd voelen. Je moet er van overtuigd zijn dat dit nu eenmaal bij het leven hoort. Als je in staat bent tegen de pijn en vermoeidheid in je dagen toch blijmoedig te leven, dan wordt alles anders en lichter.

Ik heb patiënten gezien die nog niet door het ziekteproces heen waren, maar die door hun opgewektheid zich zo goed voelden, dat zij het laatste stuk dat zij nog moesten afleggen, bijna spelenderwijs volbrachten.

Wie over zijn ziekte zegt: 'Je leert er wel mee leven', als een vanzelfsprekendheid, komt niet vooruit. Je moet geloven dat de ziekte op zekere dag van je weg zal gaan, in de geest van: Er is een tijd van ziek zijn, en een tijd dat je gezond bent. Die tijden kunnen wisselen als de golfslag van de zee. Je moet niet proberen een bepaalde fase vast te houden of te denken: daar kom ik nooit meer onderuit. Tenslotte zijn er buiten jou nog andere krachten die dat zullen bepalen.

Heilige Gemma

Tijdens mijn ziekte had ik voortdurend een beeltenis van de Heilige Gemma in mijn nabijheid. Ze lag in mijn bijbeldagboekje, het was een foto van haar. Een meisje uit het Italiaanse Lucca dat leefde in het begin van deze eeuw en op haar zestiende jaar intrad in het klooster der Passionisten, waar zij aanvankelijk de gangen schrobde en boende. Zij wordt nu door vele christenen als de grootste heilige van deze eeuw gezien.

Ik ken haar al sinds mijn kinderjaren en ik heb mijn hele leven een soort devotie voor haar behouden. Ook tijdens mijn ziekteperiode heb ik veel met haar gesproken en daar veel steun in gevonden.

Toen ik vanmorgen mijn bijbeltje opensloeg en weer eens naar haar foto keek, dacht ik: Gemma is een duidelijk voorbeeld van een mens in wiens gelaat zich aftekent wat in het diepste innerlijk leeft. Zij heeft een mooi en nobel gezicht, met veel nederigheid en zuiverheid, maar tegelijkertijd zoveel kracht en overtuiging. Als ik het vergelijk met de gezichten in de kranten en magazines, dan gaat geen enkele vergelijking met haar gezicht op.

Er zijn gezichten waarop je iets van vergeestelijking ziet, en andere waaraan je kunt zien dat ze geheel en al op het materiële gericht zijn. Bij de eerste is er sprake van een glanzende uitstraling, bij de andere van een leegte.

Het gezicht van Gemma straalt. Je voelt de onthevenheid van de aarde en je voelt ook dat zij bewogen is door een bovennatuurlijke kracht. Haar ogen kijken anders dan onze ogen, en rondom de mond, die een heel klein beetje glimlacht, zweeft een rust en vrede die, ik kan het niet anders zeggen, engelachtig aandoet.

Ik heb haar leren kennen door de zusters van het Gemmaklooster in Sittard, waar ik meer dan eens op de poort heb geklopt als ik weer eens in de rats zat.

Ziekenhuis

Bij elk woord hoort een betekenis. Zonder dat zouden de woorden zinloos zijn. Als je zegt: 'Stoel', dan weet iedereen wat je bedoelt. Het woord betekent iets en het roept associaties op. Bij 'Stoel' zou je een mens kunnen bedenken die erop zit, of je associeert 'Stoel' met honderden andere stoelen in een theater. En zo kun je vele mogelijkheden opnoemen.

Nou is een stoel zomaar een ding (u weet wel, de stoel van mijn zuster) waar je van alles bij kunt fantaseren, onschuldig en gezellig. Maar er bestaan ook woorden die, als je ze hoort, overwegend negatief overkomen. Bijvoorbeeld het woord 'Ziekenhuis'. Ik ken heel wat mensen die al de kriebels krijgen als ze alleen het woord maar horen. Het woord roept bij hen verdrietige beelden op: herinneringen aan familieleden, vrienden of kennissen. Maar zou je met evenveel recht niet kunnen beweren dat er in het ziekenhuis ook positieve dingen gebeuren, en dat het een doffe ellende zou zijn als er geen ziekenhuizen waren?

Ik bedoel er alleen maar mee te zeggen, dat je in de 'piekertijd' die je tijdens je ziekte hebt, een beetje alert moet zijn op dit soort woorden, zodat ze geen angst bij je opwekken, maar juist hoop en vertrouwen en respect voor de mensen die in een ziekenhuis zoveel goed werk doen. Hetzelfde geldt voor woorden als röntgenfoto, operatie, cardiogram. Het zijn allemaal woorden waarmee je in je gedachten naar links kunt, maar ook naar rechts.

Kies de positieve kant, want het heeft geen zin om te kiezen voor de negatieve, dat valt altijd in je nadeel uit.

Operatie

'Operatie' kan ook zo'n spookwoord zijn voor iemand die op medisch gebied een volslagen leek is. In de oren van mensen die in een ziekenhuis dagelijks met operaties te maken hebben, klinkt dit woord heel anders, maar een buitenstaander schrikt ervan, wordt angstig en verontrust en denkt in eerste instantie nauwelijks aan de grote aandacht, de zorg, de kennis, de kunde en de perfectie waarmee een operatie wordt uitgevoerd. Als je dat eerder zou beseffen, zou je niet zo lang met dat spookbeeld in je hoofd rondlopen en zou de angst de overhand niet krijgen. Vooraleer een operatie bij je plaatsvindt, moet je intensief denken aan de vele successen die er met operatieve ingrepen zijn geboekt. Hoeveel mensen hebben er niet hun leven of een hernieuwde gezondheid aan te danken? Daarvan moet je doordrongen zijn om een operatie beter aan te kunnen.

Ik geloof niet dat het nodig is om elke betrokkene een videofilm van de operatie te tonen. Je kunt niet alle mensen over één kam scheren. De één vindt het een geruststelling, voor de ander hoeft het niet. Er komen tenslotte in ons leven zoveel onbekende en vervelende dingen op ons af, die we ook niet vooraf op de video hebben gezien. Maar dat je ingelicht wordt over de positieve kanten van een operatie, is een goede zaak. Je moet je psychisch zo positief mogelijk op een aanstaande operatie voorbereiden, en daartoe kan informatie een middel zijn.

Heimwee

Als je de zon kwijt bent, het zitje in je tuin, de lindeboom met de vogels, de broodjes van het ontbijt, de soep op de tafel, de kamer met de lieve vertrouwde dingen, het eigen bed, je eigen mensen, je theater, ook al is het maar voor een poosje, dan kan het niet anders dan dat je daar onevenwichtig van wordt.

In die periode denk je met zoveel heimwee terug aan de dagen dat die dingen die ik zonet opsomde, allemaal zo gewoon waren, zo vanzelfsprekend. Ineens is dat allemaal ver van je... en lig je in een ziekbed met een vreemde, net iets te kleine pyjama aan, die niet eens van jezelf is. In die dagen heb je de tijd om goed tot je door te laten dringen wat het leven je geeft in de dagen dat je niets mankeert.

Nu ik beter ben merk ik het duidelijk. Het is alsof ik de zon feller proef op mijn huid, alsof de tuin mooier is dan die was, en ook de dingen binnenshuis zie ik anders, met meer waardering, om over de mensen maar niet eens te spreken.

Leunen

Hoe minder je 'leunt' op anderen, hoe meer zelfvertrouwen je krijgt. Dat doet niets af aan je gevoelens voor je medemensen.

De engel Gabriël

Toen ik kind was, vertelde mijn moeder mij dat alle mensen een engelbewaarder hadden, en zij schilderde mij die figuur als een gestalte met lange lokken en met witte vleugels als van een grote hemelvogel.

Zo theatraal als vroeger zie ik de engelbewaarder niet meer, maar wel roep ik hem aan. Ik heb er zelfs eens een liedje van gezongen, het liedje van de engel Gabriël. Het gevoel dat wij door het leven worden geleid, en dat er bovennatuurlijke krachten zijn, heb ik niet verloren. Ik weet dat er een God is, die ons met liefde gadeslaat en ons juist in moeilijke dagen nabij wil zijn. Er is een Heilige Geest die ons verstand kan verhelderen als wij Hem aanroepen, en door Zijn kracht wordt geloven iets wat hoort bij het gewone dagelijkse doen, iets waar je een kracht uit kan putten die je bij mensen niet vinden kunt.

Als je mij op de man af vraagt: 'Wat was tijdens je ziekte je grootste steun? Waar heb je de kracht gevonden om het te doorstaan?' dan hoef ik niet lang na te denken. Ik kan onmiddellijk antwoorden met een bijbelse tekst: 'Mijn geloof heeft mij gered.'

Ik weet niet in wat voor omstandigheden u bent als u dit leest. Ik weet niet of u aan het begin of het eind van een moeilijke dag staat, maar ik kan u verzekeren dat er een God is die u hoort en u wil helpen, overal en altijd.

Zo is het met mij gegaan. Ik heb dag in dag uit gebeden, of laten we beter zeggen, met God gepraat. Ik heb mij tot Jezus gewend, die meer geleden heeft dan wie ook, en ik heb er kracht en troost bij gevonden. Ik heb mij dagelijks gewend tot Maria, de Moeder van Altijddurende Bijstand, tot de Heilige Gemma en de Heilige Antonius van Padua. Dagelijks hebben zij mij vergezeld, al was het maar een paar minuten. Zij waren in mijn nabijheid.

Ik heb het niet allemaal alleen hoeven doen.

Ursula

Ursula was een jong meisje toen ze een ernstig auto-ongeluk kreeg. Iemand vroeg mij of ik haar eens wilde bezoeken in het ziekenhuis. Daar vond ik een meisje dat geheel verlamd was. Ze kon alleen nog maar haar ogen bewegen.

Toen ik aan haar bed stond – ik weet nu nog niet waar ik het vandaan haalde – begon ik plotseling te verkondigen dat ze zou genezen. Dat ze weer wat zou kunnen bewegen, wat zou kunnen spreken, dat de verlamming niet zo totaal zou blijven als ze nu was. Iedereen vond dat een nogal aanmatigende maar vooral ook onmogelijke bewering.

We zijn nu een jaar of twintig verder. Ursula schrijft me regelmatig, keurig getypte brieven. Ze zit in een rolstoel, heeft een leuke eigen flat, waar ze zelf op ingenieuze wijze de platenspeler en de tv aanzet, met andere woorden, het wonder is geschied.

Van haar kreeg ik in mijn belabberdste dagen een brief waar in stond: 'Blijf lachen!' Kijk, als iemand anders dat had gezegd, was het misschien zo maar een cliché-uitdrukking geweest, maar als Ursula zegt: blijf lachen... dan doe ik het.

Wolk

Het domste wat je tijdens je revalidatie kunt doen is op een stoel gaan zitten en piekeren over wat je allemaal hebt beleefd. De film weer terugdraaien. Fout – fout – fout!

Als ik dat deed en weer es in mijn eentje alles opnieuw zat te beleven en er werd plotseling gebeld, een muzikant die effe gedag kwam zeggen, iemand van de buren, of iemand van de krant voor een interview of wat dan ook, dan was ik binnen de kortste keren weer helemaal boven jan en had weer allerlei praatjes, dan werd er lekker gelachen en voelde ik me onmiddellijk weer mezelf.

Deze snelle totale wisseling van atmosfeer heeft mij tientallen malen aangetoond dat het louter en alleen de verbeelding is die je op die verkeerde momenten parten speelt, en dat je daar niet aan toe moet geven. Met één stap, stap je in je grijze wolk maar je stapt er ook met één stap weer uit.

Dat moet kunnen!

Liefde

De donkerste dagen van je leven lijken zinloos, maar ze hebben wel degelijk zin en betekenis.

Ineens zie je de liefde helder, zoals nooit tevoren. Niet alleen de liefde voor het leven, maar ook de liefde voor al de dierbaren om je heen, en vooral de liefde voor haar die al een leven lang naast je staat. Juist in die donkere dagen ga je dat duidelijker doorschouwen. Je ziet haar toewijding en je gaat beseffen dat wat zinloos leek, de liefde verdiept. Je voelt weer eens de waarachtige waarde van het eenvoudige woord *'samen'*, van het een-echtpaar-zijn. Ik heb ooit eens geschreven dat van alle woorden die ik ken, het simpele woordje 'samen' misschien wel de diepste menselijke inhoud heeft. Het betekent onder andere, iemand hebben die voor je bidt en voor je vecht.

Zingen

Ik zing: '...dat het leven zo mooi is', omdat ik zo goed de andere kant van de medaille ken. Díe kennis heb je nodig om tot een redelijk levensevenwicht te komen.

Ego

Het zijn de spanningen rond ons ego die ons vermoeien en verontrusten. Hoe kleiner je ego hoe groter je kansen op een gezond leven. We kennen de ellende in de derde wereld maar kijk eens hoe zorgvuldig wij ons eigen gewicht controleren op de weegschaal.

Waar

Je hoeft niet altijd te geloven wat je *denkt*. Wat je denkt is niet altijd *waar*. Het kunnen gedachten zijn die je door onzekerheid of angst zijn ingegeven.

Vraag

Als wij moeilijke tijden doormaken voelen wij ons teleurgesteld, soms zelfs verbitterd. Zo is de mens.

Mijn vraag is: Zijn wij ook dankbaar als alles goed afloopt en wij moeilijkheden hebben overwonnen? Ik geloof dat wij er goed aan doen om ons deze vraag te stellen, want dankbaarheid geeft een geluksgevoel dat je nodig hebt om leed te overwinnen.

Een dankgebed, al is het maar kort, is dan zeker op zijn plaats.

Waarom?

Blijf niet steeds vragen: waarom? Laat alles wat gebeurt, gebeuren. Onze wijze van 'zien' is veel te beperkt om de dingen die gebeuren te doorschouwen. Er zijn zo ontzaglijk veel dingen waar wij niets van begrijpen.

Het feit dat dit zo *is* toont aan hoe weinig belangrijk het is of wij iets al dan niet begrijpen. Het geschiedt gewoon.

De dingen die gebeuren, gebeuren, en dat wij er niets van snappen betekent niet dat ze daarom zinloos zijn.

Antenne

Ik heb wel eens van een groot musicus beweerd: 'Hij kan de sneeuwklokjes horen luiden.' Hoewel het een grapje lijkt, betekent het dat hij die door de muze is gezegend, dingen op een zo bijzonder fijnzinnige wijze hoort en ziet, en dat je dat terugvindt in zijn werk. Maar deze 'overgevoeligheid' kan hem ook wel eens parten spelen. Ik kan dat illustreren aan de hand van mijn ziekenhuiservaring.

In het ziekenhuis vind je mensen die aangrijpende gebeurtenissen (een operatie bijvoorbeeld) sneller verwerken dan anderen, die zo sensitief zijn dat zij alles tot in de kleinste details moeten verwerken. De laatsten hebben, laat ik maar zeggen, een centrale die zeer veel vibraties opvangt. Hun ontvankelijkheid is groter en daardoor verwerken zij een bepaalde ervaring behoorlijk gecompliceerd.

Een professor zei eens tegen mij: 'Door het feit dat jouw geestelijke antenne zoveel beelden opvangt, tot in de kleinste nuances, waar je weer allerlei associaties aan toevoegt, zul je in het leven van alledag er de tol voor moeten betalen.'

Ik ben al jarenlang bezig mijn antenne anders af te stemmen, om daardoor de gevoelens die ik heb beter te kunnen afwegen, zodat ze mij minder zwaar belasten.

Het moet toch voor alle mensen, hoe verschillend van aard, mogelijk zijn om te leren omgaan met hun gevoelens, ze te leren waarderen, controleren en beheersen.

Het is een mentale training – een soort sport – om jezelf te wapenen tegen ál te gedetailleerde interpretaties van wat je beleeft. Overgevoelige naturen (en ik weet ervan mee te praten) moeten leren zo nu en dan problemen met een korreltje zout te nemen. Ze moeten niet altijd en overal naar een verklaring zoeken, maar het wonder van het leven proberen te zien. Wie accepteert dat wonderen zaken zijn die wij met ons verstand niet kunnen uitleggen, komt tot de rustgevende gedachte van: Uw wil geschiede.

Waar is de patiënt?

Omdat er door een bypass-operatie het een en ander gebeurt met het lichaam, is het logisch dat er ook iets met je geest gebeurt. Als je niet uitkijkt loop je zelfs de kans je identiteit te verliezen, en een 'patiënt' te worden. Dat hoeft niet. Blijf vooral wie je bent. Degradeer niet. Er staat namelijk nergens geschreven dat als je lijf een litteken oploopt, dit ook een litteken in je geest moet veroorzaken. Natuurlijk, er verandert wel iets in je geest, maar daar moet je hooguit beter van worden. De operatie wordt verricht om je lichaam sterker te maken en dat kan ook je geest ten goede komen, want die twee horen bij elkaar. Ga je dus niet minderwaardig voelen. De 'patiënt geworden mens' wordt maar al te gauw een mens die zich achtergesteld voelt. Dan wordt hij iemand anders, een mens die geen initiatieven meer durft te nemen en dingen zegt als: 'Dat moet ik eerst aan mijn cardioloog vragen.'

Dat is overdreven. Om te beginnen is die man niet alleen *zijn* cardioloog, maar de cardioloog van een heleboel mensen. Voor je het weet ga je geestelijk geheel en al op die man leunen, omdat je niet meer voldoende jezelf bent.

Dit is een heel belangrijk punt. Probeer zo evenwichtig mogelijk met de cardioloog te communiceren, maar blijf jezelf. Hij doet dat ook. Overweeg vervolgens dat lichamelijk herstel ook geestelijk herstel betekent. Lichamelijk herstel bevordert zelfs je geestelijk herstel. Maak dus niet van jezelf het bekende kamerjas-typetje op sloffen, met die bekende meewarige blik in de oogjes. Niet doen.

Ga voor de spiegel staan en vraag aan jezelf:
'Zit m'n dasje goed? Zit m'n jasje goed?'

Wees geen patiënt, maar gewoon degene die je bent, en altijd was. Doe niet mee aan het traditionele gedragspatroon van de zieke. Laat je innerlijke inzet zich veruiterlijken in opgewektheid.

Mensen zeggen nooit: 'Je ziet er stralend uit', als je het zelf niet uitstraalt. Steek dus zo gauw mogelijk het licht aan in jezelf, straal het uit, dankbaar.

Vogels

Als ik dit opschrijf kijk ik naar de vogels in de tuin. Ik zit aan de ontbijttafel en van daaruit kan ik hun luchtige zwierige spel van stijgen en dalen mooi zien.

't Is fantastisch, denk ik dan, dat zo'n simpele koolmees zich opheft van de aarde en... hup, weg is'ie.

Hij kan overal heen vliegen, hoeft geen bepaalde weg in te slaan om ergens te komen, want in de lucht zijn geen wegen bepaald en na zijn vlucht kan hij gaan zitten waar hij maar wil. Op de top van een boom of op een stoel op het terras.

Die verte... die ruimte... die vrijheid.

Fantastisch.

En dan denk ik weer: Zo heeft ook de mens ooit zijn eigen aarde gehad, en ook hij kon zich voortbewegen waar hij maar wilde. De aarde was groen, overal, behalve daar waar water was, en voor de mens waren er geen wegen bepaald, geen pad, niet één... zelfs geen paadje... de aarde was aarde!

Toen zijn de mensen gaan denken. En gaan bepalen. Ze hebben de oer-aarde van de Schepper herschapen.

En hoe!

En weet je wat zo mooi is van die vogels, ze roken niet, ze gebruiken geen alcohol, gaan niet naar de kapper, bekommeren zich niet over wat ze aan hebben, ze nemen nooit een aspirientje, kennen geen medicijnen, geen operaties, om maar eens wat op te noemen. En toch gaat er nooit één vogel dood die niet dood had moeten gaan, en dat laatste is bij mensen, die wel roken en wel alcohol gebruiken en wél naar de kapper gaan en zich wél bekommeren om wat ze aan hebben en wél een aspirientje nemen en wél medicijnen kennen en operaties, ook het geval.

Niet slapen

Niet slapen betekent niet ontspannen zijn.
Wie aan het eind van een dag en na een behoorlijk aantal activiteiten niet kan slapen, is waarschijnlijk niet voldoende ontspannen voor de slaap. Dat komt meestal doordat de mensen angstig naar bed gaan: Zij zijn bang dat zij niet kunnen slapen. Die angst veroorzaakt een verkramping die de ontspanning in de weg staat die je nodig hebt om rustig te kunnen gaan slapen.
Mensen die door deze verkramping worden geplaagd, zijn meestal mensen die ook te veel van de slaap vragen. Zij willen zes, zeven, acht uur slapen, het liefst aan één stuk. Maar dat is lang niet altijd noodzakelijk. Vooral oudere mensen hebben aan vier, vijf uur slaap meer dan voldoende. Ik geloof dat, hoe minder veeleisend je op dit punt bent, hoe meer uren slaap je zult krijgen.
Als je je er drukt om maakt, vergeet het dan maar. Er zijn meer voorbeelden van vliegers die niet opgaan, als mensen koste wat het kost iets *willen*.
Zet dat willen van je af. Het is geen must. Goed slapen is mooi meegenomen, maar minder goed slapen is ook geen ramp.

Na het defect

In de twee achter mij liggende jaren heb ik tientallen mensen ontmoet die bypass-moeilijkheden hadden. Zij vertelden er vaak in geuren en kleuren over. De meesten zeiden dat zij maandenlang bang waren, echt angst hadden dat alles weer opnieuw zou kunnen gebeuren. Mocht u in eenzelfde situatie verkeren, dan is het een troostrijke gedachte dat u met uw gevoelens niet alleen bent. Wees niet bang om bang te zijn. Het mag. Ze zijn het allemaal. En het gaat over, dat mag u ook weten. Als de chirurg zijn werk gedaan heeft – en dat geschiedt in de meeste gevallen feilloos – dan zul je het verder zelf moeten doen, en voor dat zélf doen moet je je inzetten. Ga ervan uit dat 'het defect' verholpen is. Zo is het en niet anders.
Er zijn mensen die een paar maanden later alweer hun werk doen, maar dat hoeft niet. Je mag er ook langer over doen. De hoofdzaak is dat je niet blijft tobben met je twijfels en je angst, en dat je goed tot je hart laat doordringen dat het wel sterker en beter is dan ooit.

Opwinden

Er is niets zo dom, als je opwinden over futiliteiten,
want als je je opwindt over een futiliteit
wind je je even later weer op over het feit
dat je je over een futiliteit zo hebt opgewonden.

Herstel

Zeker in de eerste periode na het ziekenhuis kom je vaak terug in het bekende gedeprimeerde sfeertje. De denkuren zijn de beroerdste, want je gaat dramatiseren. Vooral 's nachts, in de stilte en de eenzaamheid gooi je er nog een schepje drama bovenop.

De niet-denkuren zijn de beste. De fout die je maakt is dat je alles wat je denkt en bedenkt voor waarheid aanneemt. Het zijn vaak onnodige, ongenuanceerde gedachten, die ingegeven zijn door onzekerheid en vrees. Die gedachten moet je proberen te stoppen. Je hebt het volste recht om niet te geloven wat je denkt, en te beseffen dat je nog onder invloed staat van voorbije negatieve beelden. Als je, beïnvloed door de angst, je laat meeslepen door je negatieve gedachten, dan kom je in depressies terecht. En dat is nergens voor nodig.

Nogmaals, je hebt het volste recht niet te geloven wat je denkt. Laat je eerder leiden door wat ik zou willen noemen 'nu-gedachten', door wat je nu om je heen ziet en hoort, dan door vervelende hersenspinsels, met andere woorden: 'toen-gedachten'.

Natuurlijk, een verzwakt lichaam kan zwakke gedachten opleveren, terwijl het lichaam het juist moet hebben van wilskrachtige en positieve gedachten. Gelukkig helpt de tijd ons daarin een handje en leer je met je gedachten omgaan. Jammer blijft het, dat je je in die tussentijd al heel wat angsten hebt aangehaald en aangepraat door dat aanvankelijk blindelings geloven in wat je denkt.

'Nu-gedachten' zou je kunnen vertalen met *nieuwe gedachten*. Ze kunnen de oude beelden die zijn gaan 'koeken' in je geest bestrijden. Natuurlijk mag en moet je je hart wel eens uitstorten over wat is gebeurd en over waar je bang voor bent, maar je moet proberen daar geen gewoonte van te maken, want dan wordt je leefwereld wel heel erg klein en monotoon. Er zijn mensen die een reis gaan maken, omdat de dingen thuis te veel herinneren aan 'toen' en het wil inderdaad wel eens helpen als je je horizon verlegt. Zo kun je ook jezelf vullen met nieuwe gedachten, andere, onbekende beelden, luchtige en vrolijke vooral, waarmee je ook op reis kunt gaan in je geest. Dat daar een grote helende kracht vanuit gaat, hoeft geen betoog.

Zelf doen

Ik heb in de vorige notities geschreven dat je in het genezings-proces veel zelf kan en moet doen. Maar die opdracht heeft ook een keerzijde. Zo zijn er mensen die jou met de opdracht: 'Je moet het zelf doen', aan je lot overlaten. Al doe je nog zoveel aan je eigen herstel, het blijft menselijk dat je terugvalt op anderen, dat anderen je helpen. Samen wordt alles lichter, samen wordt alles ruimer. Mensen hebben mensen nodig, met wie je zorg en vrees kunt delen en met wie je er over kunt praten.
Zelf doen is nodig, ik schreef het al. Ik heb er zelf ook iets aan gedaan om te herstellen, maar ik had dit boekje ook vol kun-nen schrijven met namen van zoveel lieve mensen die mij heb-ben geholpen en met mij meeleefden.
In de ander ligt een groot deel van je herstel en een groot deel van je leven.

Kinderjaren

Angst wordt je vaak door andere mensen aangepraat. Je zou het zelfs nog sterker kunnen zeggen: door andere mensen inge- pompt of ingeprent. Ga eens bij jezelf na welke angstbeelden je vanaf je kinderjaren door andere mensen kreeg opgelegd. Dat zijn er een heleboel, wed ik. Ik heb eens in een van mijn boekjes een aantal dingen opgenoemd, waar wij thuis, toen ik nog een kind was, bang voor waren. Het was een hele waslijst, van een blikseminslag tot een muis toe. Ook ziekten werden uit en te na besproken. Griepepidemieën en virussen werden als bedrei- ging aangekondigd. Ik herinner me nog een liedje uit die dagen dat me door merg en been ging:

Achter in het stille klooster
klopt een droevige moeder aan.
'Ligt mijn zoon hier zwaar gewond soms,
ik zou zo graag eens tot hem gaan.'
'Arme moeder,' sprak de zuster,
'ach, uw zoon hij is niet meer.
Hij is in de strijd gebleven,
hij viel op het veld van eer.
Beide benen afgeschoten
en de armen nog erbij...'

Ik weet niet meer hoe het verder ging, maar ik weet wel dat de eerste regels al een huiveringwekkende indruk op me maak- ten. Daarom zeg ik, het is goed af en toe eens terug te gaan in je leven, en te kijken met hoeveel onnodige angst je in de loop der jaren bent opgescheept. Op die manier schoon schip maken, ruimt een heleboel ballast op in je geest.

De vlag van de blijheid

Wie tijdens een ziekte zijn optimisme bewaart, slaat zich er makkelijker doorheen dan wie er zwaar aan tilt. Dat is een algemeen bekende waarheid.

Pessimistische gedachten hebben een negatieve invloed op het verloop van het ziektebeeld; wie relativeert en open staat voor veranderingen, zonder daarbij weer het ergste te denken, zal sneller genezen.

Voortdurend zien we de wisselingen in de natuur. 's Morgens schijnt de zon, een paar uur later is de hemel grijs en grauw. 'Dat hebben we weer gehad', zeggen we dan, maar plotseling, om een uur of vijf in de vooravond, komt de zon weer terug en verrast ons.

Zulke wisselingen vinden ook binnen ons plaats. Heb geen angst voor grijze wolken die jouw kant opdrijven, laat ze rustig over je heen drijven en bedenk dat na regen zonneschijn komt. Ik gebruik opzettelijk dit cliché. Het is immers een waarheid. Een mens weet toch van nature dat er een tijd is van droefenis, en een tijd van blijdschap. En waar mogelijk kan hij die tijd een beetje beïnvloeden. Je kunt met humor een depressie bestrijden, humor maakt alles lichter. Zelfbeklag bezwaart, maar lachen niet. Ik zeg weleens:

'De vlag van de blijheid, is de lach.'

Onder die vlag varen brengt je het snelst door depressies heen.

Wanneer het donkert

Natuurlijk kan het zo zijn dat je lichamelijk zo verzwakt bent, dat je niet in staat bent om hiep-hiep-hoera te roepen en om dansend uit je bed te stappen. Maar dan nog is het nodig dat je niet bij de pakken neer gaat zitten. Daar word je oud en nukkig van, en onuitstaanbaar voor de anderen.

Een dezer dagen hoorde ik een liedje van mezelf, dat ik in geen jaren had gehoord. Het was een van mijn allereerste 'songs'. Het zong:

En juist wanneer het donkert
zoek dan die ene ster die flonkert!

Overbewust

Als je een bypass-operatie hebt ondergaan, mag je na een dag of tien het ziekenhuis verlaten. Dat betekent niet dat je dan al boven jan bent. Ik zie me nog de trappen opstrompelen toen ik thuiskwam, en samen met Hans de eerste revalidatie-oefeningetjes doen op de trap: twee treetjes af, twee treetjes op. Dat hoort er allemaal bij en daar heb je iets voor nodig wat ik helemaal niet heb: geduld.

Je hebt goede dagen, je hebt minder goede dagen en je hebt, zeg maar gerust, beroerde dagen. Het gekke is dat je die beroerde dagen op rekening van het hart zet, zo van:
'Het is geloof ik nog niet in orde met me, want ik voel me vandaag zo lamlendig.' Je beseft dan niet dat alle mensen goede dagen, minder goede en beroerde dagen hebben. En ook niet dat je die zelf ook had, tien of twintig jaar geleden en dat je die zult houden zolang je leeft. Nee, na de operatie dicht je elke beroerde dag aan het hart toe. En dat is in de meeste gevallen bezijden de waarheid. Ik hoor mezelf nog zeggen:
'Ik voel me vandaag niet lekker, dat zal wel weer van mijn hart zijn' en achteraf moet ik schrijven dat ik in de afgelopen periode veel te bewust met mijn hart bezig ben geweest.
'Overbewust' mag je wel zeggen. Als je je bij wijze van spreken van je voeten net zo bewust was, dan zou je nauwelijks nog kunnen lopen. Dus moet je afleren elk depressief gevoel aan het hart te wijten. De cardioloog zei herhaaldelijk:
'Toon, tussen je kin en je navel zit veel meer dan alleen maar een hart.'

Er komt een moment dat je dat zelf ook krijgt en dat je echt gaat geloven dat je hart na de operatieve ingreep net zo sterk, zo niet sterker is dan dat van een ander. En niet alleen geloven, je gaat het zeker weten. En daarmee verdwijnt de opwinding over allerlei bijkomstigheden.

De wil

Omgaan met je 'wil' is een gecompliceerde zaak. De ene keer kun je hem beter uitschakelen, een andere maal heb je de wil juist nodig en is hij een onmisbare kracht.

Tijdens je herstel gaat het om je *eigen* wil. Die heb je hard nodig. Die eigen wil is verzwakt, een beetje verdoofd als het ware. Je bent een stuk zelfrespect kwijt, ook al omdat je zo op anderen bent aangewezen. Daar moet je mee uitkijken. Je moet niet willoos worden, maar je juist in zo'n periode sterk bewust leren worden van je *eigen wil*, en van wat je daar mee kunt *doen*.

Je moet gaan voelen dat die wil een groot bezit is, een fantastische innerlijke kracht die heel persoonlijk van jou is, waar jij alléén mee kunt handelen. Alles hangt af van die eigen wil. Zet die wil aan het werk.

Die wil moet weer willen, dan volgt het lijf vanzelf.

Revalidatie

(moeilijk woord voor opknappen)

Eerst ben je een tijdlang moe. Da's niet gering, en dat kan weken, zo niet enkele maanden duren. Maar dat gaat over.
Zodra je bemerkt dat die drukkende moeheid stilaan verdwijnt moet je daar feestelijk gebruik van maken.
Je hebt voorafgaand aan dit heuglijke feit vele, vele malen gezegd: ik ben zo moe... o wat ben ik moe. Zeg nu ook eens uit de grond van je hart: Ik ben niet meer moe! Want de moeheid zit niet alleen in je botten maar ook in je geest en daar moet je die moeheid uit verjagen als het ware, anders ga je je gewoontegetrouw 'moe denken' en dat is onzin. Hersenspinsels. Begin met een optimistische inzet aan de dag, en zie onder ogen dat het wegblijven van de moeheid het eerste en duidelijke teken is van een algeheel herstel. Ga niet acuut tien kilometer trimmen, maar profiteer er wel van. En als je gaat lopen DENK je dan niet moe, wees blij en opgewekt, want dat zijn moeie mensen niet.
Tijdens de revalidatie-fase zijn er momenten waarin je plotseling een licht opgaat. Dan kan een simpele situatie je iets verduidelijken, waartoe duizend woorden niet in staat zijn.
Telkens als ik de hoge tuintrap op moest, maakte ik me druk. Die rot trap! Als dat maar goed gaat. Ik kon daar heel dramatisch over doen.
Op een dag was ik in gesprek met de tuinman. Ik liep de trap op zonder te denken. Ik merkte het pas toen ik al boven aan de trap stond... Verhip, ik ben vergeten bang te zijn, die trap was me niet eens opgevallen. Die trap was geen bang obstakel meer, maar gewoon een normaal voorwerp, hetzelfde ding dat het voor andere mensen is.
Daarom zeg ik zo vaak: Wat denk je wél – wat denk je niet!

Als je revalideert ben je druk doende je lijf weer in conditie te brengen. Je fietst, je loopt, je gooit met ballen en als je daar niet mee bezig bent, praat je erover. Het lichaam staat wat je noemt: centraal. Het lichaam is het middelpunt.
Toch zijn de mooiste dagen de dagen waarop je je lichaam niet

45

voelt. Het *is* er gewoon niet. Het zegt je niets! Het speelt geen rol. Althans, het valt niet op. Het vraagt geen enkele aandacht, zoals het vanzelfsprekend hoort. Zodra dat lijf weer alle aandacht krijgt, slaat de weegschaal van het net bereikte evenwicht weer door. Je gaat je lichaam dan weer voelen en voor je het weet zit je midden in het gezeur.

Zonder lichaam leef je lichter, veel lichter.

Je moet je lichaam natuurlijk niet opzettelijk links laten liggen. Eten, drinken en vrijen doe je bijvoorbeeld met je lijf. Maar wat ik wil zeggen, is dat je je niet voortdurend van je lichaam bewust moet zijn. Daarom is het goed je zo spoedig mogelijk tussen de mensen te voegen. Wanneer je je aandacht, je interesse, ja, zeg maar je liefde op andere mensen richt, dan vergeet je die egocentrische gevoelens waarin je lichaam zo overbewust centraal staat.

En dat scheelt een jas. Wat zeg ik? Een jas? Misschien wel een jas en een hoed en een shawl.

Niet wachten

Na een lange herstelperiode moet het nu maar voorbij zijn. De tekenen wijzen erop dat alles oké is. De huisarts zegt: 'Het zit goed'; de cardioloog zegt: 'Het is gebeurd.' Je vrouw, je kinderen, je kennissen, iedereen viert je come-back een beetje mee, en toch... er blijft van binnen nog altijd die onzekerheid.

(Ja maar, je hebt al maanden nergens last meer van, zeggen ze... Dat weet je zelf ook wel, maar toch...)

Ongeduldig wacht je op het moment waarop je zelf het gevoel zult hebben: Het is nu echt voorbij. Je bent weer helemaal de oude, of zelfs jonger dan de oude, maar dat moment komt niet. Ik geloof dat tijdens die periode het ongeduld de grote boosdoener is. Alles waar een mens op wacht, duurt langer dan normaal. Je moet er eigenlijk niet op wachten, zo'n moment komt vanzelf. Het is misschien niet eens een moment. Het is de tijd die heelt, buiten je verstand om, buiten wat je wilt om. Je moet onder ogen zien dat er geen bepaalde dag komt waarop je plotseling de vlag uit kunt steken en zeggen: 'Dat was het dan.' Zo werkt het blijkbaar niet.

De tijd heelt, maar hij doet dat op zijn eigen manier, en hoe jij dat zelf ziet, interesseert hem niet.

Ga er dus niet op wachten. Wachten doe je op de bus, of op de tram of trein, of desnoods op iemand, maar niet op het moment van: Het is nu echt voorbij.

Niet te serieus

Eerder heb ik in dit boekje geschreven dat de lach de vlag van de blijheid is. Ik kom daar nog eens op terug, omdat een goed humeur nu eenmaal de helft van het genezingsproces uitmaakt.

U kunt zeggen: 'Ja maar, een goed humeur is niet iedereen gegeven.' Dat klopt, maar ieder mens kan wel stappen in die richting doen. Je kunt zwaar tillen aan dingen, of niet. Die beslissing neem je toch zelf.

Je kunt belangrijk doen, of niet. Dat doe je zelf.

Natuurlijk, je hoeft geen losbol te zijn of alleen maar dansjes te maken aan de oppervlakte. Je mag heus wel eens wat dieper spitten dan normaal, maar probeer dat niet zo belangrijk te vinden.

Mensen die belangrijk doen, vinden zichzelf meestal belangrijk en zeggen daarom altijd en overal maar weer belangrijke dingen. Ze vertrappen daarmee wel de luchtigheid en lichtgevoeligheid die bij het leven horen.

'Don't take yourself too serious', zeggen de Amerikanen, en al ben ik het niet op alle punten met hen eens, die spreuk klinkt als een mooie klok, als je het mij vraagt. Als je je die spreuk eigen kunt maken, kan het leven lichter worden en jijzelf ook. Neem jezelf niet al te serieus. Vooral in een periode waarin je een tijdlang in de versukkeling geraakt bent, komt je dat bijzonder goed van pas. Ik zeg het nog maar eens:

'De lach is de vlag van de blijheid.'

Bypass

De reacties op bypass-operaties zijn verschillend. Er zijn mensen die na de operatie doen alsof het niets was en gedragen zich naar buiten toe alsof zij een heel bijzondere prestatie hebben verricht. Zij zeggen tegen de mensen die zoiets niet hebben meegemaakt, met veel bravoure:
'Ik weet wat hier van binnen zit, en dat weet jij niet, hahaha.'
Kortom ze lossen het hele gebeuren met een bijzondere flair op. Anderen reageren tegengesteld en voelen zich na de operatie behoorlijk gehavend. Ook al zijn zij lichamelijk wat sterker dan tevoren – want dat wordt door deskundigen beweerd –, geestelijk hebben zij een deuk opgelopen die niet makkelijk uit te deuken valt. Zij kunnen het moeilijk verwerken en voelen zich een beetje minder in vergelijking tot hun omgeving, tot andere familieleden. Het is een reactie die het herstel niet stimuleert. Integendeel, ze stimuleert het zelfbeklag en de angst, en de lust om te leven wordt tot een minimum gereduceerd.

Ik herinner mij van mijzelf dat ik opzag tegen allerlei activiteiten die ik moest doen. Waarom zou ik? En zou ik dat wel kunnen? Zou dat niet te zwaar zijn? Zou dat niet te vermoeiend zijn? Ik verheel het niet, ik was een vragensteller. En dan hoorde ik gelukkig de stem van de cardioloog die zei:
'Moe zijn mag.' En zo is het.
Als je met iets bezig bent dat iets vraagt van je geestelijke en lichamelijke kracht, dan is de vermoeidheid daarna heel natuurlijk.
Wat veel minder natuurlijk is, is dat je klaagt over vermoeidheid, terwijl je niets uitvoert. Dat-mag-niet.

Ik kan mij goed voorstellen dat artsen na een bypass-operatie adviseren: 'Doe zo gauw mogelijk gewoon.' Als je namelijk niet gewoon doet, doe je ongewoon en dat deugt niet altijd. Ongewoon is bijvoorbeeld dat je je terugtrekt, je afzondert bij gebrek aan durf. Je moet gewoon terug onder de mensen, in je gewone leefritme van vroeger.

Sluit je niet af, zet je ogen en je oren open. Zet je zélf helemaal open – dát is de methode. En dat kun je elke dag oefenen, totdat het vanzelf gaat.

Mensen die geestelijk weer openstaan voor het leven, dragen die openheid ook in hun gezicht. Je ziet het aan hun oogopslag, je hoort het aan hun stem, aan de wijze waarop zij lachen. Zij hebben weer volop interesse, doen weer aan alles mee. Zij zijn de tegenvoeter van de mensen die als het ware geestelijk dicht-vallen. Je ziet het hun aan. Waar de een met open blik weer het leven vangt, kijkt de ander bedrukt, verontrust en verouderd. En waarom zou je tot de laatste groep behoren? Dat is nergens voor nodig.

'Moe zijn mag,' zei de cardioloog. En de moeder-overste van het Augustinessenklooster zei tegen mij:

'Wees maar gerust bang', en zij had gelijk. Het ligt toch voor de hand dat je na een hartoperatie angstig bent. Het enige wat je niet moet doen, is je druk maken om je eigen bang-zijn. Het erg vinden dat je bang bent. Dat moet je van je afzetten, want anders gaat die bange periode erg lang duren.

Angst

Men zegt wel eens: 'Alle angst is doodsangst.' Voor hetzelfde geld (misschien nog iets minder) zou je ook kunnen zeggen: 'Alle angst is levensangst.' Bang zijn het leven te verliezen. Als je pogingen wilt doen om de angst te overwinnen, moet je je in de eerste plaats leren te verzoenen met het feit dat je er op zekere dag niet meer zult zijn en dat dat de gewoonste zaak van de wereld is. Het zou toch merkwaardig zijn dat alle mensen zouden sterven, behalve jij?

Je hoeft natuurlijk niet dagelijks met deze gedachte over het einde van je leven rond te lopen, maar het besef dat je niet eeuwig op deze aarde bent mag je best tot je toelaten. Als je dat besef omzeilt, kom je geen stap verder. Door deze gedachte in het leven van alledag te integreren, ga je alles wat je doet duidelijker en dieper beleven en ga je de doffe dagen oppoetsen totdat ze glanzen. Je leven krijgt dan een diepere zin en ook ten aanzien van de Schepper kom je anders te staan. Je leert Hem dankbaar te zijn voor de dagen die je krijgt, maar ook voor de dood. Want je beseft: Hij geeft ze allebei. En als het tenslotte tot je doordringt dat de Schepper van hemel en aarde jouw leven niet afbreekt als een tak van een boom, maar met de bedoeling om je voort te laten leven op een hoger niveau, waar alle zorg en strijd zijn afgelegd, dan komt er een innerlijke rust.

Misschien is de doodsangst wel de oorsprong van alle angsten, maar er stamt ook heel wat bangigheid uit onze kinderjaren. Ik gaf er eerder al een voorbeeld van met dat verschrikkelijke liedje. En hoe vaak hebben we niet van onze ouders of opvoeders gehoord: 'Denk erom, niet bang zijn, niet bang zijn.' Als zoiets herhaaldelijk en dwingend wordt gezegd, heeft het vaak een averechts effect en word je echt bang.

Met de opmerking 'Maak je niet ongerust' blijf je wat dichter bij de werkelijkheid. Want de ongerustheid maken we inderdaad zelf, al zijn wij daarvan niet altijd overtuigd en gebruiken we deze woorden wat te onnadenkend. Het vergt namelijk veel zelfcontrole en veel concentratie om te kunnen zeggen: 'Ik maak me niet ongerust', en het dan ook niet te doen.

Rond de tijd van mijn operatie verscheen het *Gebedenboekje* van mij. Heel veel mensen dachten dat ik het tijdens mijn ziekteperiode had geschreven. 'Zeker geschreven toen je in de rats zat', zeiden sommigen. Maar dat is niet het geval. Ver voordat ik ook maar het flauwste benul had van wat me te wachten stond, zette ik de kleine gebeden op papier. Wel heb ik tijdens mijn ziekteperiode veel gebeden. Het is een feit dat wanneer je ziek bent, je een beetje los komt te staan van je vrienden en kennissen, hoe attent zij ook zijn met bloemen, fruitmanden en brieven. De gezonde mens leeft nu eenmaal in zijn eigen tempo en heeft zijn werk of andere gezonde mensen om zich heen die veel tijd opeisen. Tijd voor mensen die in een veel trager tempo leven is er dan nauwelijks meer.

In die dagen heb ik duidelijk de nabijheid gevoeld van een bovennatuurlijke kracht, van een God die je nooit in de steek laat. En dit gevoel van nabijheid heeft heel wat angst van mij weggenomen. Het heeft me geleerd dat de dood niets verontrustends is, niets angstaanjagends, maar een opening naar een paradijselijk gebeuren. Zei Christus niet tegen de moordenaar aan het kruis:

'Heden zult gij met Mij zijn in het Paradijs'?

Dat is een belofte, niet alleen aan de man die naast Hem hing, maar ook aan ons allemaal. De stervende Christus belooft de mens een paradijs. En een mens van Zijn allure doet geen loze beloften, maar doet Zijn belofte gestand. Zeker weten.

Een mens weet, in het bijzonder in een ziekenhuis, nooit wat hem te wachten staat. En dat maakt hem angstig. Ik heb tijdens mijn ziekteperiode ervaren dat er maar heel weinig dingen zijn waar je je druk om moet maken, omdat alles loopt zoals het lopen moet. Het gevoel dat je in je kleinheid in de handen bent van een oneindige, bovennatuurlijke kracht, stilde vaak mijn angst en geestelijke verwarring en gaf mij vertrouwen in Hem van Wie men zingt:

'He's got the whole world in his hand.'

Denk niet dat ik nu elke dag welgemutst door het leven stap. Er blijven dagen waar ik tegenop zie als tegen een berg, maar wel ben ik ervan overtuigd, dat niet de dag die berg heeft gemaakt, maar dat ik dat zelf doe.

Op gezette tijden keerde de gedachte 'Ik ben bang' terug. Daar kun je zelf iets aan doen, want 'Ik ben bang' is zoiets als een zelfsuggestie. 'Ik ben niet bang' is dat ook, maar ik zou zeggen, als je tóch kunt kiezen, neem dan die tweede gedachte en herhaal ze zolang je denkt dat het nodig is.

Als bange mensen, die om de haverklap zeggen: 'Ik ben bang', om de haverklap zouden zeggen: 'Ik ben niet bang, absoluut niet bang', zouden zij snel van hun angst genezen zijn.

Een doodsimpele therapie, maar het werkt. Probeer het maar.

Ik heb nooit geweten dat angst ook pijn kan veroorzaken, totdat mijn buurman mij dat heel duidelijk uitlegde.

Angst kan in het lichaam spanningen veroorzaken, spierspanningen. En die spierspanning kan weer pijn tot gevolg hebben. En die pijn is verontrustend. En die verontrusting stimuleert op haar beurt de angst. Met andere woorden, voor je het weet zit je in een beangstigende spiraal.

Belofte

Men beweert dat doodsangst de oorsprong is van alle angst, en dat die angst zich vertakt in vele kleine alledaagse angstjes. Een mens zou zich dus vertrouwd moeten maken met de dood om zijn angst kwijt te raken. Wat de mens het zwaarst valt is niet de dood 'an sich', maar het afscheid van wat hij graag wil, graag doet, het leven op deze aarde waaraan hij van nature gehecht is.

Tussen deze natuurlijke gehechtheid aan de aarde (die hij kent) en de bovennatuurlijke werkelijkheid van het leven ná de dood (die hij niet kent) vormt zich een spanningsveld, ook al omdat wij tot aan de laatste dag aards-gericht zijn.

Daarom is het goed dat wij ons richten op ons leven in de eeuwigheid. Dat noem ik meditatief bezig zijn: het leren over de dood heen te zien.

Hoe gaat zo iets? Er is zoveel gezegd en geschreven over 'leven na de dood', maar dat alles geeft ons geen zekerheid, omdat het allemaal gezegd en geschreven is door mensen die net zo sterfelijk zijn als u en ik.

Er is maar een mogelijkheid om over de dood heen te zien en maar een manier om de doodsangst te overwinnen en dat is het opzien naar het Kruis van Golgotha. We moeten ons de belofte van Jezus van Nazareth in herinnering brengen die, voordat Hij stierf aan het kruis, tegen de man die naast Hem hing zei: 'Vandaag nog zult gij met Mij zijn in het Paradijs.'

Dit is de enige, duidelijke en betrouwbare uitspraak over leven na de dood.

Het is een belofte, gedaan door de grootste mens die ooit op deze aarde leefde, een God-mens aan wiens belofte niemand hoeft te twijfelen. Wie dit overweegt, geeft zijn hart rust en vertrouwen en neemt, in Zijn naam, alle levensvrees weg.

Leven

de dood is mateloos goedgeefs
en van een bovenaardse heiligheid
ik zie in doden altijd zoiets safes
iets van een ongekende veiligheid.

Klop het maar af

Wat je denkt heeft vaak te maken met waar je je op dat moment bevindt. In een voetbalstadion denk je aan andere dingen dan in een kerk, hoewel ik toe moet geven, dat ik in de kerk ook wel eens aan voetballen moet denken. Ik *moet* het niet, maar ik doe het. Ik dwaal dan af, de concentratie is blijkbaar niet sterk genoeg. Je zou het 'meditatieve onkunde' kunnen noemen.

In mijn tien dagen ziekenhuis heb ik in een omgeving vertoefd die sterk op mijn denken inwerkte. Ik heb er meer dan ooit nagedacht over leven en dood en heb er tijd aan besteed (misschien zelfs wat veel) om na te denken over 'wat je denkt'.

Hoe komt een mens aan zijn angsten, zijn verontrusting, zijn bezwarende gedachten? Antwoord: Hij maakt ze zèlf.

Je ontvangt een bepaald gegeven, een informatie, een beeld. En nu hangt het maar van je eigen ontvankelijkheid af wat je hersenen daarmee gaan doen. Je kunt met een ontvangen signaal naar het licht toe en je kunt er mee naar het donker. De keuze maak je zelf. Ik heb nu ondervonden dat het mogelijk is om je geest te trainen, zodat je niet al te gemakkelijk met de ontvangen 'gegevens' naar het donker keert. Met het keren naar het donker heb je alleen maar jezelf.

Toch zijn we gauw geneigd om iets wat nog moet komen, negatief te zien. Het is aanmatigend, te doen alsof je precies weet wat er komen gaat. Als een mens vooruitblikt, tast hij naar 'het onbekende'. Als iemand zegt: 'Morgen schijnt de zon', is er altijd wel iemand anders die zegt: 'Klop het maar af.' Ook de positieve prognose heeft iets van het voorbarige en aanmatigende. Maar het is wel opmerkelijk dat niemand ons op de vingers tikt wanneer wij in het toekomende, het onbekende, iets dreigends of negatiefs zien. Dan zegt niemand: 'Klop het maar af.'

Zodra je ervan doordrongen bent dat angst geen boze macht is die je van buitenaf bedreigt, maar zéker weet dat *jij* zélf degene bent die de angst 'maakt', zul je wat dit betreft minder creatief zijn, angst is immers het resultaat van een boze vorm van creativiteit.

Ik herhaal het nog maar eens:
Om gelukkig te leven heb je een bepaalde mate van moed nodig.

Kloppen

We weten allemaal dat we een hart hebben, maar mensen die iets met dat hart 'gehad' hebben, weten het nét iets te goed. Het zou heel wat beter zijn als die mensen op dezelfde wijze over hun hart zouden denken als ze dat vóórdien deden.
Als je iets met dat hart hebt gehad, word je het hart anders gewaar. Waar je vroeger nooit op lette – bijvoorbeeld het kloppen van je hart – valt je nu op, en het vervelende daarvan is, dat als je vroeger ook wel eens je hart hoorde kloppen, het je geen moer kon schelen – maar nú wel. Je gaat achter al die verschillende kloppen iets zoeken; hoewel je weet dat je dit vroeger niet deed, doe je dat toch.
Je gaat bewust luisteren naar je hart en als je daar een gewoonte van maakt creëer je een soort spanning die je beter niet kunt hebben. Het is dus vooral een mentale training om weer te leren denken, of niet te denken, zoals voorheen.
Het hart klopt nu eens zus en dan weer zo. Het heeft zóveel variaties en als het eens anders klopt dan anders hoef je daar niet van te schrikken – dat deed het vroeger ook maar toen had je er geen erg in.
Je hoeft dus niet meteen een zorgvuldige controle aan te leggen en je van de wisselingen overbewust te worden.
Zo'n hart kan veel meer dan je denkt, maar juist omdat je er zo door gefixeerd bent, vergroot je alles een beetje en dat is nergens voor nodig.
Als je de titel van dit boekje opvolgt, en je hart uit je hoofd zet, dan krijgt het hart ook voor jou weer zijn normale betekenis.

Geduld

Ik moet bekennen dat ik een ongeduldig mens ben. Tijdens de ziekteperiode heb ik over deze eigenschap goed kunnen nadenken. Ik zal niet beweren dat ik nu in alles geduld kan betrachten, maar ik heb wel geleerd dat je met geduld meer bereikt dan met ongeduld. En dat niet alleen, het ongeduld, ik zou haast zeggen het kinderachtige ongeduld, veroorzaakt, zeker als het zich telkens herhaalt, een soort gejaagdheid in je leven die de weg naar rust verspert. En die rust heb je hard nodig om aan jezelf of aan een genezingsproces te kunnen werken.

Natuurlijk, voordien kende ik ook het verschil tussen geduld en ongeduld. Maar er is een verschil met toen. Als ik nu weer ongeduldig sta te popelen, word ik er door mijzelf aan herinnerd dat je er zonder ongeduldig popelen ook komt... en net iets beter, als je mij vraagt.

Denk nu niet dat ik ernaar streef een 'volmaakt mens' te worden. Daartoe maak ik geen schijn van kans. Maar dat het leuk, ja zelfs erg boeiend is, om een beetje aan jezelf te werken, heb ik ontdekt tijdens de ziekteperiode. Je kunt zelfs stellen dat ik zonder die periode misschien nooit aan deze ontwikkeling toe was gekomen.

In en buiten het ziekenhuis heb ik met tientallen mensen gesproken die ongeveer hetzelfde hadden meegemaakt. Daar waren gelovige mensen bij en ongelovige. Het is mij opgevallen dat degenen met een diep geloof het wel iets makkelijker hadden dan de anderen. De angst had hen niet zo te grazen. Ik zal nooit vergeten wat een man op de gang van het ziekenhuis tegen mij zei:
'De veiligste plaats in het heelal, is in de hand van God.'
Zij die zo geloven kunnen geduldig zijn. Zij willen niet zo haastig vooruit. Zij begrijpen dat 'de tijd' in Gods hand iets anders is dan in de onze.
Ik denk dat als we dat zeker weten, de overgave en rust sterker

worden. Wij begrijpen dan dat wij de toekomst niet kunnen afdwingen, omdat zij in Zijn hand ligt.

Wij mogen ons gelukkig prijzen dat wij in een deel van de wereld wonen, waar nog talrijke mensen ons op en om ons ziekbed terzijde staan met kunde en kennis en veel toewijding, ook al voel je tijdens zo'n ziekteproces dat er naast de mensen en hun toewijding nog méér is. Dat er een kracht meespeelt die niet van deze aarde is. Het is goed dit bij tijd en wijle te overwegen.

Blijmoedigheid

Bidden kan mensen blij maken en wat is er positiever? Maar je moet dan niet melodramatisch bidden, niet klaaglijk, je moet dan bidden vanuit het volle leven zelf. Ik bedoel: midden in het leven staan – ook al ben je ziek – en al de positieve dingen die er zijn duidelijk onder ogen zien, vanuit die dankbaarheid bidden geeft het gebed iets lichts. Ik zou bijna zeggen: iets opgewekts. Dat is het mooiste gebed, het blijmoedige gebed, en dat geeft kracht, ik heb het zelf ondervonden.

Natuurlijk, er is veel droefenis op deze aarde. Je hoort en ziet dat er verschrikkelijke dingen gebeuren, in je eigen familie, in je vrienden- en kennissenkring, en dan zul je toch moeten leren dat het bij de loop van het leven hoort en dat niemand gespaard blijft voor verdriet. De opgave is: te blijven zoeken naar de lichtpunten die er ondanks alle verdriet toch moeten zijn. En dan kom je bij het blijmoedige gebed. Want dat is vooral wat je tijdens een ziekteperiode nodig hebt: blijmoedigheid. Ze helpt je door de donkerte heen, ze is de lamp die je bij je draagt. Maar... als je haar niet zelf aansteekt... een ander doet het niet voor je, kan het ook niet doen. Het is iets eigens, dat hoor je zelf te doen, en als ze eenmaal schijnt, komt het vertrouwen terug en daarvan moet je het nou net hebben.

Ontdekken

Ik schreef dat je de lamp van de blijmoedigheid zelf moet aansteken. Dat wil niet zeggen dat je alles zelf moet of kán doen. In tijden dat je lichamelijk zwak bent en je wordt opgeknapt in ziekenhuizen of gewoon thuis, met medicamenten, wordt het je meer dan ooit duidelijk dat je mensen nodig hebt. Dat een woord, een aanraking, een lach, enfin, allerlei emoties weldadig op je in kunnen werken.

Je krijgt op die momenten het gevoel dat mensen bij elkaar horen, zoals de bladeren van een boom, en dat zij ook allemaal gevoed worden door dezelfde gevoelens van hulpvaardigheid en liefde. Ik heb mensen aan mijn ziekbed gehad die weinig hebben gesproken, maar alleen al door hun aanwezigheid diepe indruk op mij maakten. Van sommigen herinner ik mij slechts een gebaar, of een blik, of een oogopslag, een enkele kleine geste die mij waarschijnlijk een leven lang bij zal blijven.

Als je alleen bent, en diep in jezelf een gevoel van eenzaamheid bespeurt, op zo'n moment voel je dat je anderen nodig hebt en dat je verlangend naar hen uitziet. Dat is niet alleen een strikt persoonlijk gevoel, nee, op zo'n moment voel je heel sterk dat het verlangen van de ene mens naar de andere een universeel 'alle-mensen-gevoel' is. Het is de liefde, die zich op deze wijze manifesteert. Het is de grootste kracht die er onder de mensen leeft. Dit verlangen van de ene mens naar de andere is weldadig voelbaar wanneer je door ziekte of wat dan ook een tijdje wordt teruggeworpen op jezelf. Maar vergeet niet dat het ook in het gewone leven van alledag de diepste kern is van alle menselijk leven.

Wanneer je leeft van de ene dag in de andere, of in de roes van je werk, ach, dan ga je daar niet zo over zitten nadenken. Het zinvolle van ziek zijn is dat je dan beseft dat je leeft voor en door de ander.

Mensen die vrijwel nooit bidden, kunnen tijdens een ziekteperiode plotseling het gebed opnieuw ontdekken, en de weg terugvinden naar de grote hulpbron. Misschien komt daar ook wel een beetje angst om zelfbehoud bij, maar dat is welbeschouwd ook liefde. Liefde voor wat geschapen is, liefde voor het leven. Dat de mens op bepaalde tijden in zijn leven sterk naar zijn medemens verlangt, is een natuurlijke zaak, en dat hij zich op die momenten meer bewust wordt van zijn Schepper, is minstens even natuurlijk.

Eigen zwakheid voelen en erkennen loutert een mens en verdiept zijn geest.

Zelfkennis

Zelfkennis is de kennis van je eigen gedragingen, ook dingen kennen van jezelf die je bij nader inzien belachelijk voorkomen.
'Belachelijk' in de letterlijke zin van het woord.
Je kunt lachen om jezelf, en om wat je deed of doet.
Tijdens mijn herstelperiode is mij dit af en toe overkomen.
Kleine dingen waar ik me aanvankelijk druk om maakte, om niet te zeggen me ernstig over verontrustte, heb ik later lachwekkend gevonden. Als je zover bent, schiet je aardig op.
Dan ben je op weg het evenwicht met jezelf te herstellen.

Vind ik even 't evenwicht
is opeens het leven licht.

Even een lach

Het is mij opgevallen dat artsen de suggestieve kracht van het woord weleens onderschatten en in hun uitlatingen tegenover patiënten nogal eens onzorgvuldig zijn en woorden gebruiken waarvan iets bedreigends uitgaat. Natuurlijk zijn niet alle mensen even woord-gevoelig, maar over het algemeen is het toch zo dat wanneer je aan een zieke bepaalde woorden met een indringende en suggestieve kracht meedeelt, deze woorden de zieke niet alleen auditief, via zijn gehoor, bereiken, maar ook doordringen tot zijn innerlijk en dan is het niet uitgesloten dat die woorden met een grote kracht daarbinnen aan het werk gaan en mensen moedeloos maken, en onderdompelen in het negatieve, het uitzichtloze.

Zo kunnen woorden ook het omgekeerde bereiken, en bij mensen een positieve, zeg maar 'helende' reactie teweegbrengen.

Dus is het bepaald belangrijk wat artsen (of anderen) tegen een zieke tijdens het bezoek zeggen. De zieke heeft opbeurende woorden nodig, ja, hij heeft ook gewone woorden nodig van mensen om hem heen. Wanneer hij te weinig mensen ontmoet, wordt hij te weinig afgeleid en kan hij in stilte, ondanks alle voordelen van bezinning waarover ik eerder schreef, te veel op zichzelf terugvallen.

Ik herinner mij de tijd dat ik nog niet zo goed ter been was en nog maar weinig buiten kwam. Als ik dan stemmen hoorde in of om ons huis, van bijvoorbeeld de glazenwasser, de melkboer of de tuinman, dan sjokte ik er op mijn manier heen, gewoon maar om een gek praatje te maken met die gasten. Even een lach!

En ik voelde onmiddellijk, al had ik maar een paar minuten met die mensen gepraat, dat het me goed deed.

Nou weet ik wel, dat de een wat meer een 'mensen-mens' is dan de ander en dat er ook mensen zijn die zeggen: 'Nee, laat mij maar alleen, ik kan dat varkentje zelf wel wassen.' Maar dan zeg ik: Ik kan dat in ieder geval niet. Ik weet nog heel goed dat de eerste avonden dat ik weer in een restaurant ging eten na een vrij langdurig huisarrest, een grote weldaad waren. Niet zozeer in de geest van: 'Daar ben IK weer', maar meer in de geest van: 'Daar zijn ZIJ weer.'

Op die momenten voelde ik dat ik mensen nodig heb. Dat voel ik trouwens al mijn leven lang. Misschien is dat wel een van de redenen waarom ik voor het theater heb gekozen. Ik houd van mensen.

Eenvoudige gedachte

In zekere zin is het een ouderwetse gedachte dat je, als je iets met je hart hebt gehad, eerder dood zult gaan dan een ander. De lengte van het leven wordt immers lang niet altijd door een of andere ziekte bepaald. Mensen kunnen ziek zijn en er een lang leven mee leven, terwijl anderen, die geen dag in hun leven ziek zijn geweest, plotseling aan het einde toe zijn.

Ik geloof dat het van belang is voor een ieder die met zijn hart problemen heeft gehad, om dit goed tot zich te laten doordringen. Ik ken mensen die tien, twaalf operaties doorstonden en overleefden, en hoe. En anderen die de griep niet hebben overleefd.

Dit is een eenvoudige gedachte die je tot jezelf kunt laten doordringen, om je over wat onnodige angst heen te helpen.

Eenzaam

Mensen die iets aan hun hart hebben gehad, zeggen later meestal: 'Weet je wat het is? Je voelt je zo eenzaam. Je moet het allemaal zelf doen.'

Natuurlijk is dat wel waar, maar het is, als je het goed beschouwt, toch ook wel een beetje een melodramatische kreet. Een mens moet immers zoveel dingen zelf doen. Of laten we het anders zeggen: De mens heeft vaak de indruk dat hij iets zelf moet doen, en vergeet dan dat het meestal toch anderen zijn die hem in staat stellen om het 'zelf' te doen.

Een mens kan eenzaam zijn, ik weet het maar al te goed, maar in veel gevallen is die eenzaamheid een beetje afgeleid van zelfbeklag, en geloof me, dat is iets waar je het minst ver mee komt.

Vogeltjes

Eenzaamheid op je ziekbed. Het is misschien een wat al te groot woord. Laten we zeggen: je alleen voelen. Na de operatie kreeg ik van mijn vriend Ted een klein aquarelleerdoosje met een kwastje erbij en een tekenblokje. Mijn hoofd stond daar natuurlijk niet naar, maar toen ik de kleurtjes zag, vroeg ik aan de zuster een beetje water in een glaasje, en toen heb ik in mijn bed wat zitten soppen met het penseeltje op het witte tekenpapier.

Het waren maar kleine velletjes, en het gekke was dat ik op ieder velletje een vogeltje tekende. Na een paar dagen had ik een hele collectie. Toen iemand mij vroeg waarom ik vogeltjes had getekend, wist ik het niet. Ik vond het zelfs heel vreemd, want ik kon me niet herinneren dat ik ooit in mijn leven vogeltjes had getekend. Maar dan ook niet één, en nu was er ineens een hele zwerm. Grijze, verdrietige vogeltjes, maar ook wat vrolijker beestjes, die al bijna een liedje zongen.

Pas later drong het tot me door dat er een bepaalde symboliek in lag. Dat ik onbewust iets van vrij zijn had gesymboliseerd, omdat ik, als het raam openstond, het liefst zelf onmiddellijk naar buiten zou zijn gevlogen, hoog boven de daken van de huizen en de toppen van de bomen, ver weg van het verdriet.

Wachtpost

Ik kom nog eens terug op wat een mens denkt op zijn ziekbed. Op wat een mens denkt: Het is een van de belangrijkste dingen die hij doet. Wat hij denkt beïnvloedt zijn gehele doen en laten, bepaalt het humeur en de sfeer waarin hij zich bevindt. Als je werkelijk ziek bent, is het net alsof je denkvermogen er ook onder lijdt. Medisch kan ik dat niet vaststellen, want ik ben geen medicus, maar als je al die medicamenten en pillen en al die rommel die je moet slikken voor je ziet, dan lijkt me mijn veronderstelling niet zo gek.

In ieder geval blijkt je reactie af en toe trager te zijn en ben je minder alert dan voordat je ziek was. Welnu, in zo'n situatie moet je bijzonder op je qui vive zijn voor wat je denkt. Want nu je denkvermogen wat verzwakt en vertraagd is, krijgen verkeerde en negatieve gedachten meer kans om zich in je vast te zetten. Je bent minder plooibaar en veerkrachtig om ze te bestrijden. Zorg er dan voor dat je alles goed blijft afwegen: Is het wel juist wat ik denk? Is het wel de waarheid?

In de ziektefase komen er aan de lopende band weemoedige en trieste en angstige gedachten jouw kant op, en die zou je op die momenten nu het best kunnen missen. Bedenk dat in zo'n periode je antenne overgevoelig is voor negativiteit, voor 'ik-zie-het-niet-meer-zitten'-gedachten en dat je je dingen in je hoofd haalt die waarschijnlijk nooit zullen gebeuren, maar die je gedachten zo ernstig belasten dat ze de tijd, die je nodig hebt om op te knappen, behoorlijk somber maken.

Zet dus aan de ingang van je gedachten een soort wachtpost neer, die alleen maar stevige gedachten toelaat, gedachten die de geest voeden en versterken.

Geen overdrijving, geen vertekening, geen vrees, geen beladenheid. Als je iets verkeerds eet, kan het behoorlijk zwaar op je maag gaan liggen. Als je iets verkeerds denkt, kun je er minstens evenveel last van hebben. In negen van de tien gevallen zijn de angstgevoelens die onze geest beheersen, niets anders dan gedachten die naar binnen zijn geglipt, toen we even niet goed op hebben gelet.

Ik weet wel dat ik dit hier allemaal vrij eenvoudig opschrijf, maar dat de uitvoering ervan niet zo gemakkelijk is. Van de andere kant kan ik uit eigen ervaring zeggen dat je achteraf van al de angst die je hebt gehad, bijzonder veel spijt krijgt. Angst, waarvan vrijwel het grootste deel overbodig was. Echt, als je er later op terugkijkt, dan betreur je het, en daarom schrijf ik dit alles op, zodat u niet dezelfde fout maakt als ik heb gemaakt.

Probeer gewoon flink te zijn, en dat lukt je veel beter als je diep van binnen er van overtuigd bent, dat je met angst helemaal geen stap opschiet. Praat met jezelf, desnoods hardop, en zeg tegen jezelf dat je niet bang hoeft te zijn, want in de meeste gevallen hoeft dat niet. Dan is bang zijn alleen maar zelfbeklag, een gevoel dat naast de waarheid ligt en daarom overbodig is.
Zodra je weer vertrouwen hebt van binnen, zodra je tegen jezelf oprecht kunt zeggen: 'Het gaat weer goed', dan heb je de angst overwonnen, en ben je een ander mens.
Zeg maar gerust tegen jezelf dat het goed met je gaat. Je mag geloven in wat de dokter zegt, je mag geloven in wat je familieleden en vrienden zeggen, maar vóór alles moet je in jezelf geloven.
Je kunt soms behoorlijk moe zijn, jazeker, maar vergeet niet dat een grote portie van die moeheid denkwerk is. Je kunt immers niet moe zijn, zonder het denken. Met andere woorden: In veel gevallen zal de moeheid inderdaad normale moeheid zijn, maar in veel andere gevallen is het gedachtenmoeheid: 'denken dat je moe bent'.
'Ik neem vandaag mijn ontbijt maar op bed, want ik ben te moe om naar de ontbijttafel te gaan.' Dat is niet waar. Dat fluister je jezelf in. Niet op reageren. Kijk, dit is een klein voorbeeldje. Het is een moeheid, een angst voor moeheid wellicht, die je zeker kunt overwinnen, maar dat kost een beetje moeite. Je moet niet toegeven aan de gedachte, maar jezelf duchtig bij de kraag pakken en zeggen: 'Wat? Te moe om naar de ontbijttafel te lopen? Geen sprake van. Opstaan, aankleden en erheen.'
Als je dan tien minuten later je kopje thee of koffie aan de ontbijttafel zit te drinken, dan ben je echt weer een stapje verder. En dat is het hele proces.
Stapjes, kleine stapjes, en in de juiste maat.

Dromen

Dromen hebben weinig met de realiteit te maken. Daarom zegt de volksmond: 'Dromen zijn bedrog.' Misschien is dat een beetje te sterk uitgedrukt, maar de beelden die wij in onze dromen ontmoeten zijn de echte, ware beelden. Je kunt er geen conclusies aan verbinden, geen gevolgtrekkingen uit maken. Het is merkwaardig dat mensen soms vrij openhartig over hun dromen vertellen, terwijl zij zwijgzaam zijn over hun dagdromen. Laat ik een voorbeeld geven.

Iemand heeft een wondje aan zijn been, en gaat zich inbeelden dat zijn been geamputeerd zal moeten worden. Dit kun je inbeelding noemen, ook wel een dagdroom. Je droomt als het ware een nare droom met open ogen. Maar het beroerde van zo'n dagdroom is wel dat je er behoorlijk angstig door kunt worden en dat je je ongerust gaat maken over iets wat je nota bene toch maar gedroomd hebt.

De conclusie is niet getrouw aan de waarheid (het is zomaar een wondje aan je been, en niet een amputatie), en de gevolgen zijn vervelend (angst en nog eens angst). Het gekke is dat je dat wel weet: dat de inbeelding niet waarheidsgetrouw is, en toch, je blijft erover inzitten.

Als je geen waarde hecht aan wat je 's nachts hebt gedroomd en het 's morgens gewoon naast je neer kunt leggen, dan moet dit ook lukken met de kleine dagdroompjes, de inbeeldingen. Leg ze maar gewoon naast je neer en vervang ze door andere beelden die dichter bij de waarheid liggen.

Sterk zijn

Sterk zijn is eigenlijk niet zo eenvoudig te omschrijven. Waar haalt de mens zijn levenskracht, die bundeling van lichamelijke en geestelijke kracht vandaan? Waar is de bron? En waar is de afbraak?

Het klinkt misschien wat tegenstrijdig, maar soms heb ik zo'n idee dat de afbraak bij de welvaart begint. Laat ik dat uitleggen. Voor ieder dingetje dat je hindert, is er een medicijntje. Als ons ook maar even iets dwarszit, bellen we om de huisarts. We zijn zo verwend en eraan gewend geraakt, dat wij niet accepteren dat er ook aan de kleinste dingen van de dag maar iets mankeert.

De verwarming mag niet te hoog staan, het raam niet te ver open. Is het brood niet te oud?

Hè, de koffie was gisteren lekkerder dan vandaag. Hij is te sterk.

Wat een weer vandaag, echt iets om griep van te krijgen.

Dat scheerapparaat dat ik gisteren heb gekocht, is ook niet goed.

Mijn haar is te lang. Mijn haar is te kort.

Ik geloof dat ik een nieuwe bril moet hebben.

Enfin, er is een eindeloos gezeur en zeg niet dat ik overdrijf. En zou je bij al dit gezeur nog iets van levenskracht vinden?

Het is algemeen bekend dat we, toen we in de oorlog weinig hadden en er veel minder keus op allerlei gebied was dan nu, lichamelijk sterker waren en dat kwam omdat we geestelijk meer één waren met elkaar, meer tot hulp bereid. Die levenskracht werd pas aangetast toen we met uithongering werden bedreigd.

Vanuit een ruimer denken komt een gezonder lichaam. Maar wie verontrust is over ieder hutselfrutseltje, zal zich moeilijk staande kunnen houden als hem werkelijk iets overkomt.

Fietsen

Als je het ziekenhuis verlaat, krijg je van de artsen te horen:
'Probeer nu maar weer zo gauw mogelijk in je eigen leefpatroon te komen. Ga de dingen doen die je altijd hebt gedaan, dan ben je er het snelst doorheen.'

Het gekke was dat ik toen ineens moest denken aan de dag waarop ik fietsen leerde. Ik was nog maar een kind. Ik had de fiets gekregen van een oom, die stukken groter was dan ik, en dat was nou niet bepaald het meest handige vehikel om op te leren fietsen. Maar goed, het was nu eenmaal niet anders.

Ik zie de straat nog voor me, waar ik voor het eerst probeerde te balanceren op die twee draaiende wielen. Onze buurman hielp me en hield het zadel vast en liep met mij mee, tot aan het eind van de straat en weer terug tot aan het begin. Soms probeerde ik een eindje alleen te rijden, maar dan viel ik en moest de buurman er weer aan te pas komen. Zolang ik wist dat hij achter mij aan liep, ging het goed, maar telkens als hij mij losliet en ik het karwei alleen moest opknappen, kwam de twijfel en kon ik niet meer verder.

Gek, dat dit beeld mij bijbleef toen ik aan de revalidatie begon. Telkens viel ik terug op de artsen.

'Laten we even de dokter bellen, ik moet weer even een zetje hebben.'

Ik wil daarmee zeggen dat het niet aan te raden is om telkens terug te vallen op een arts en hem steeds weer om dat steuntje in de rug te vragen. Beter is het om te proberen jezelf een zetje te geven. Ieder straatje dat je op je eigen houtje fietst, is een kleine overwinning, en als je maar vaak genoeg het lef hebt om dit te doen, dan rijd je binnen de kortste keren, zoals dat heet: met losse handen.

Trainingsmateriaal

Tijdens de herstelperiode kom je jezelf tegen, dat mag je wel stellen. En dan blijkt ook hoeveel vat je op jezelf kunt krijgen: waar je geestelijk toe in staat bent en wat je niet kunt opbrengen. Zo'n herstelperiode kun je gebruiken om dat te ontdekken en om eraan te werken.

Het is een grijze dag, het is koud, de wind waait, het regent, het is zo'n beetje de sfeer waarin je verkeert als je 's morgens je bed uitstapt. Wat gebeurt er nou met je? Laat je je nu helemaal inpakken door dat weer? Neem je onmiddellijk die grijze grauwe bui van daarbuiten over in jezelf, of zeg je:
'Laat de boel maar waaien, ik ga er toch eens een lekkere dag van maken.'
Zo moet je proberen om te gaan met de meest eenvoudige dingen.
De koffie is te slap of te sterk. Wat doe je? Ga je meteen zitten mopperen, of krijg je het voor mekaar om er helemaal niet over te reppen, doordat je overweegt dat er mensen zijn die niet aan een ontbijttafel kunnen zitten en die helemaal geen koffie hebben. Geen broodjes met kaas, of met ham of met rookvlees.
Ik weet het, 't zijn niet meer dan huis-, tuin- en keukenopmerkingen, maar geloof me, daarmee begint toch je herstel.
Je moet iets halen in de stad, maar je hebt er met dit weer natuurlijk geen zin in. Een van je kinderen gaat toevallig ook die kant op, of een kennis of een buurvrouw. Koud kunstje om te zeggen: 'Wil je voor mij dit of dat meebrengen?' Doe je dat, of zeg je: 'Niks ervan. Ik ga zelf de stad in. Als anderen het doen, waarom zou ik het dan niet doen?'

Je kunt een lijst maken van tientallen kleine dingetjes die je als mentale training kunt gebruiken, want het gaat erom die geest weer net zo flexibel te krijgen als hij was. Het komt erop aan niet te vervallen in gezeur, in chagrijnig gedoe. Het gaat erom in de regen de zon te zien schijnen.

Als we bezig zijn om onze benen weer te trainen op de home-trainer en je met de fysiotherapeut oefeningen doet voor je armen, dan kun je tegelijkertijd bezig zijn met oefeningen voor de geest. En ook aan die oefeningen moet je niet te zwaar tillen. Je moet er een spelletje van maken, waarbij elk overwinninkje er één is. Daar kun je donder op zeggen. Dat doe ik ook. Telkens als me iets lukt, zeg ik: 'Donder.'

Geneesmiddel

Het moge duidelijk zijn geworden dat een ieder die met een bypass-operatie te maken heeft gehad, daarna het meest ge-bukt gaat onder geestelijke spanningen. Als de operatie achter de rug is, en, zoals in de meeste gevallen, met succes is verlo-pen, dan ga je weer over op bepaalde activiteiten. Zolang je die bijna verstrooid doet, spelenderwijs, voel je je al een stuk beter dan wanneer je maar steeds in je hoofd met je hart bezig bent.

Na verloop van tijd komen je vrienden en kennissen weer terug in je eigen kring en zij geven je de kans om alles wat met je is gebeurd voor en na de operatie uit je gedachten te bannen. En ben je alleen, en komen die beelden weer bij je op, dan moet je andere mensen gaan opzoeken. Stap in de auto of in de trein, en blijf niet piekeren. Piekeren lijdt tot denken aan je hart en elk pijntje ga je, voordat je het weet, daarmee in verband brengen. Als je je daarentegen verstrooit, word je je minder bewust van je lichaam, dat je dan ook niet kan hinderen.
Daarom nogmaals: Voer je geestelijke activiteiten op, die je tot ontspanning brengen, er is geen beter geneesmiddel.

Speechje

Ik heb Rietje tijdens mijn ziekte wel es horen zeggen:
'Mannen die ziek zijn, zijn net kinderen.'
Zij heeft wat mij betreft gelijk. Er zullen best mannen bestaan
die een ziekte heel stoer en mannelijk dragen, maar de meeste
vervallen vroeg of laat toch in een kinderachtig gezeur, hebben
overdreven medelijden met zichzelf en maken zich onnodig
ongerust. Dat is natuurlijk de beroerdste houding die je kunt
aannemen als je ziek bent.
Ik zei zo vaak tegen mezelf:
'Als je gezond bent, heb je het grootste lef. Waarom krimp je
bij ziekte zo ineen? Waarom doe je nou zo onnozel en zo hulpeloos?' En dan porde ik me op en zei hardop tegen mezelf:
'Wees een vent. Wees niet bang, er gebeurt toch wat er gebeuren moet, maar laat je niet kennen. Doe niet zo kinderachtig, je
bent een volwassen mens en je weet dat het leven niet altijd
rozegeur en maneschijn is.'
Kijk, zo'n speechje tegenover jezelf doet goed, daar heeft verder niemand wat mee te maken. Ik weet niet of u daar op dit
moment aan toe bent, maar mocht het zo zijn, dan stel ik voor
dit boekje even dicht te klappen en meteen de speech maar af te
steken, want speeches steekt men af – en sigaretten op – maar
daar hebben we het nou niet over.

Een heel eind

De kunst om te leven bestaat in hoofdzaak uit het leren omgaan met jezelf. Dat omgaan met jezelf is geen kunst, zolang alles van een leien dakje gaat, maar wat doe je op de dag dat je het helemaal niet meer ziet zitten? Die dagen hebben wij tenslotte allemaal.

Je hoort mensen dan zeggen: 'Ik zou het liefst de hele dag in mijn nest blijven', en dat lijkt me nou juist het minst geslaagde idee. Zonde van zo'n dag.

Wie de kunst leert verstaan om goed met zichzelf om te gaan, vindt altijd een manier om een grijze dag bij te kleuren en krijgt de zelfcontrole en de flair om zo'n dag goed door te komen. Dat lukt beter naarmate je weet dat ook grijze dagen bij het leven horen en dat je ook grijze dagen kleurrijk kunt maken.

Neem eens aan dat je een bepaalde afstand onder moeilijke omstandigheden moet afleggen. Als je onderweg denkt: Dat red ik niet, dat is me te ver, ik geef het op, dan wordt de afstand die je nog moet afleggen hoe langer hoe zwaarder.

Heb je de kracht om te zeggen: 'Het is misschien nog wel een heel eind, maar we gaan er es lekker tegenaan', dan maak je een goede kans dat de weg tenslotte veel lichter en korter lijkt dan hij is. Het is de geest, die de dagen verkleurt en kleurt, die de afstanden korter of langer maakt, het leven lichter of zwaarder.

Publiek

Uit de mond van beroemde sportlieden heb ik vaak gehoord dat zij hun overwinningen voor een groot deel te danken hadden aan de houding van het publiek.

'Er gaat een bepaalde kracht van uit', zeggen ze dan. 'Je voelt dat het publiek gelooft in de overwinning, en dan ga je er zelf ook in geloven. Als het publiek het laat afweten, vermindert je inzet aanzienlijk.'

In zekere zin gebeurt er met een mens tijdens zijn revalidatie hetzelfde. Als hij mensen om zich heen heeft die duidelijk in zijn herstel geloven, die hem voortdurend voortstuwen en stimuleren, zal dat ongetwijfeld heel wat betere resultaten opleveren, dan wanneer hij omringd wordt door mensen die hem doen twijfelen.

Er zijn situaties waarin een heel gezin meewerkt aan het herstel van een zieke, waaruit duidelijk blijkt dat de uitstraling van elk gezinslid afzonderlijk de zieke ten goede komt. Meer nog dan de sportman op het sportveld, is de zieke ontvankelijk voor de vibraties die mensen om hem heen uitzenden. Laten dat positieve trillingen zijn!

Ik ben moe

Een mens kent zichzelf vaak minder goed dan hij denkt. Ook het beeld dat hij bij de ander oproept, kent hij niet altijd even goed. Hij is zo gewend aan zichzelf en aan de dingen die hij doet, dat hij zichzelf nauwelijks nog controleert. Als hij zichzelf plotseling zou zien op de video, dan loopt hij de kans een geheel ander beeld van zichzelf te zien dan hij dacht te hebben. Ik wil u een merkwaardig voorval uit mijn ziekteperiode vertellen, wat hier mee te maken heeft.

Toen ik weer ter been was, liep ik binnenshuis en ook buiten vaak te praten in mijn taperecordertje. Het loopt op batterijen en ik draag het overal met me mee. Dat doe ik, omdat ik maar even op het knopje van de recorder hoef te drukken als ik een inval of een ideetje heb.

Op een dag zat ik in de keuken iets op te nemen, een paar zinnetjes maar. Ik legde daarna het apparaatje terzijde en ging iets anders doen, en praatte nog wat met Rietje over het een en ander.

Een minuut of tien later wilde ik controleren wat ik op het bandje had ingesproken, en tot mijn verbazing hoorde ik het gesprek dat ik met Rietje had gevoerd en dat per ongeluk was opgenomen. Ik was vergeten het apparaatje uit te zetten. Ik heb toen een stukje van mezelf gehoord, waar ik eerst van schrok, maar waar Rietje en ik daarna vreselijk om hebben gelachen. Bij herhaling hoorde ik me zeggen:
'Ik ben zo moe, je hebt geen idee hoe moe dat ik ben. Ik ben nog nooit zo moe geweest. Foei, foei, wat kan een mens toch moe zijn, schat, ik ben nou werkelijk zo moe, dit is haast onmenselijk. Te gek, gewoon, ik kan geen pap meer zeggen.'
En zo ging dat maar door. Natuurlijk, ik wist die dag dat ik niet in de 'happy mood' was. Dat ben je nu eenmaal niet als je je niet lekker voelt, maar dat ik zó ontiegelijk kon zeuren en zo kon doormalen op eenzelfde thema, dat wist ik niet van mezelf.

Ik heb het bandje nog eens opnieuw afgedraaid om te horen hoe aanstellerig en sentimenteel ik was en nu weet ik dat je als je maar vaak genoeg zegt: 'Ik ben moe', nou, dan bén je het ook. Moeheid is lang niet altijd een lijfelijke moeheid, maar overwegend een zelfsuggestie. Daarom kun je dat geestelijk overwinnen.

Zelfbeeld

Mensen die ziek zijn hoeven maar in de spiegel te kijken om te zien dat ze er uiterlijk niet op vooruitgaan. Die herhaaldelijke constatering kan er wel eens de oorzaak van zijn dat zij ook een stukje geesteskracht verliezen en een deel van het geloof in zichzelf kwijtraken, wat ze juist zo nodig hebben.

Het lichaam herstelt echter vaak ongelooflijk snel, soms zelfs sneller dan de geest. Je moet je er voortdurend aan herinneren, om niet aan 'eigen-waarde' in te boeten.

Blijf geloven in jezelf. Zowel in je lichamelijke als in je geestelijke come-back. Dat je het af en toe niet meer zo ziet zitten, is niet zo'n ramp; dat spijker je wel weer bij, maar blijf wel vasthouden aan je eigen persoonlijke kracht – weet dat je 'iemand' bent en van die 'iemand' moet je niets verliezen, want om te geloven in je herstel heb je een grote mate van zelfrespect nodig. Bewaar dat zelfrespect als een kostbaar bezit. Blijf onder alle omstandigheden geloven in jezelf, dat is de enige manier om het totale evenwicht in je leven weer te herstellen.

Poets je zelfbeeld op!

Het loont de moeite. Natuurlijk is het prima als je van alle kanten te horen krijgt hoe goed het met je gaat, toch blijft de inzet van je eigen wil – het geloof in jezelf – het belangrijkste.

Spiegelbeeld

Als je wel eens overvallen wordt door een wat al te sombere bui, dan zit die bui ergens van binnen – waar zou die anders zitten?

Die bui zit in je denken.

Maar je hoeft niet altijd te geloven wat je denkt!

Als je jezelf dan 's morgens tegenkomt voor de spiegel in de badkamer, dan zie je die bui afgetekend op je gezicht, en juist omdat je gelaat iets prijsgeeft van wat er 'van binnen zit', kan je er ook met je gelaat tegenin gaan.

Zet gewoon je vrolijkste gezicht op, dwars tegen je innerlijke gevoelens in. Je zult zien... het helpt.

Speel gewoon een stukje komedie, dat is in ieder geval beter dan doorgaan op wat je (meestal zonder enige reden) in je hoofd hebt gehaald, want hoe eerder je dat áf kunt breken hoe beter.

Overigens is het op dergelijke baal-dagen het beste je te ontspannen met andere mensen. Ga niet in jezelf zitten spitten... maar stap er 'uit'. Letterlijk en figuurlijk. En iedere keer als je jezelf tegenkomt, lach dan duidelijk eens tegen jezelf. Doet goed! Zeker weten!

Hoe je jezelf in de spiegel ziet hangt vooral af van *hoe* je erin kijkt.

De wind

Onze fantasie is onbegrensd.

Mensen kunnen van alles in hun hoofd halen. Zo kun je met een klein beetje moeite midden in december in het warme zand aan de Méditerannée liggen, zonder dat je je huis hebt verlaten. Als je die gedachte goed vast weet te houden, voel je de zon als het ware op je huid, hoor je het ruisen van de zee en zie je de weerkaatsing van de zonnestralen op de rotsen. Denkbeelden, zou je zoiets kunnen noemen.

Angst is ook een denkbeeld. Je verplaatst jezelf dan in een onheilssfeer en als je daar lang genoeg in vertoeft, vertakt de gedachte zich in allerlei details: je voelt het angstzweet als het ware op je huid, je hoort het bange kloppen van je hart. Het is de kunst om een dergelijk beeld zo snel mogelijk uit je hoofd te bannen want evengoed als je het beeld van de zonnige Rivièra opgeroepen hebt, heb je de angst in je hoofd gehaald, daarom is het ook aan jou om dat beeld weer uit te schakelen.

Ik was een beetje bang gemaakt voor de wind.

'Als het koud is buiten, en de wind waait, dan moet je een beetje uitkijken,' zei iemand nogal nadrukkelijk en in mijn labiele toestand klonk dat als een dreigement. Als ik naar buiten ging, en er stond wat wind, en het was koud, sloeg ik mijn shawl rond mijn hoofd, voor mijn mond en mijn neus en liep met angst in het hart en opgetrokken schouders een uurtje rond.

Het liep tegen de kerstdagen, toen me dat nogal ging vervelen en plots zei ik tegen mezelf: 'Wat zou er gebeuren als ik die shawl gewoon afdeed?' Toen ik even later met mijn neus in de wind liep, gebeurde er niets, helemaal niets. U zult vragen: Hoe kon het dan gebeuren dat je voordien wel last bespeurde en een soort pijn op de borst? Het antwoord is achteraf vrij simpel. Ik denk dat ik dermate gespannen was als ik naar buiten ging en tegen de wind en tegen de kou in moest lopen, dat ik mijn spieren in mijn schouders en in mijn nek veel te veel spande, en dat die spanning een uitwerking had op de borstspieren. Toen ik later, 'relaxed', dezelfde wandelingen maakte, in eenzelfde soort guur weer, merkte ik er niets meer van. Het beeld dat ik in me droeg, van 'het kan niet en het mag niet en het is gevaarlijk', was uitgeschakeld.

Het is vrij logisch dat opgeroepen spanning een andere spanning in je lichaam veroorzaakt. Als je je vuisten balt en je de spieren aanspant, dan voel je iets heel anders in je hand, dan wanneer je gewoon je vingers naar de muis van je duim brengt. Zo is het natuurlijk ook met je andere spieren, van je borst, van je nek, van je rug en van je armen. Als je ze té geforceerd aanspant, door angst bijvoorbeeld, dan ga je ze extra voelen. Misschien vertel ik u helemaal niets nieuws met deze ervaring, maar voor mij was het iets waaraan ik nooit had gedacht en ik kon het niet nalaten het u even te vertellen.

Afscheid nemen

Stel je voor: Je bevindt je in een uiterst behaaglijke situatie. Je bent ontvlucht aan de dagelijkse sleur en bent terechtgekomen op een verrukkelijk eiland waar het klimaat fantastisch is en waar je volop genieten kan van het leven.

Je maakt het voortreffelijk, alles gaat naar je zin en dat houdt zo een poosje aan. Maar aan alles komt een eind en op zekere dag moet je het eiland weer verlaten en kom je weer terecht in de regelmaat van alledag.

Afscheid nemen van het eiland valt je niet licht, je zou best nog langer in dat sfeertje willen blijven, maar dat kan nu eenmaal niet. Het zit erop.

Het ligt wel voor de hand dat het moeilijk is afscheid te nemen van een periode waarin je het goed naar je zin had. Maar weet u wat nu zo gek is? Dat het een mens ook niet makkelijk valt om afscheid te nemen van een vervelende periode, van een of andere kwaal die hem heeft aangepakt. De dokter heeft allang gezegd: 'Man, je bent toch hersteld, je bent weer helemaal de oude...' maar toch blijf je nog een beetje doorzeuren met je kwaal.

'Vergeet het nou,' zeggen je vrienden en dat wil je ook wel, maar het lukt aanvankelijk nauwelijks. Het is alsof je je niet los kunt maken van de sfeer van zorg en spanning en angst waarin je je zo lang hebt gehuld. Als je lichamelijk gezien allang weer op de been bent, blijft het ziektebeeld als het ware nog een poosje in je gedachten geprojecteerd. Als je dat beseft, kun je ook mijn raad ter harte nemen: Trek de stekker eruit, verbreek de projectie van voorbije denkbeelden, begin op een schone lei, waar geen krassen meer op staan uit het verleden.

Come-back

Tijdens de periode dat je 'patiënt' bent, loop je anders, beweeg je anders, kijk je anders, voel je anders, en daar wen je aan. Je moet er voor oppassen dat je die periode niet prolongeert. Als je voelt dat het beter met je gaat, dat het over is, dan moet je met spoed weer helemaal jezelf proberen te zijn – en niet dat typetje van de patiënt blijven. Dat kun je het beste doen, door jezelf op allerlei alledaagse activiteiten te controleren.

'Haal es eventjes dat boek voor me wat hiernaast in de kamer ligt...'

Niet doen hoor, gewoon zelf het boek gaan halen. Niet dat typetje. Niet dat vermoeide lopen, als je niet vermoeid bent. Niet dat treurige gezicht trekken, als er niets te treuren valt.

Het ziek zijn kan je geestelijk zo vervormen, dat het een vervorming aanbrengt in je totale gedrag en voor je het weet blijf je langer patiënt dan nodig is.

Je went aan het medelijden hebben met jezelf, juist omdat het behaaglijk aandoet. Als je dat gevaar onderkent, moet je hard toeslaan en het gezeur van je afzetten. Dat is de weg van de come-back, en die weg hoef je niet onnodig te verlengen.

Op een bepaald moment zeggen mensen tegen je: 'Je bent weer helemaal jezelf.' Dat slaat op je manier van handelen, maar het slaat ook op je uiterlijk. En het is de waarheid. Ze zien het goed, ze zien dat je het typetje hebt afgelegd, dat je afstand hebt gedaan van het 'patiënt-zijn'. De innerlijke zekerheid bestuurt je gedragswijze.

Al lezende zult u inmiddels wel gemerkt hebben dat ik het hele 'hartgebeuren' niet in chronologische volgorde heb behandeld. Dat ligt niet zo in mijn aard. Het gaat met vlagen, af en toe schiet mij iets te binnen en dan schrijf ik het op. Zo moet ik nu denken aan de goedbedoelde raadgevingen die je van deze en gene, uiteraard ook van doktoren, krijgt.

Dikwijls heb ik gedacht: O, de mensen hebben gelijk met hun adviezen, ze hebben voor honderd procent gelijk. Zo zou ik moeten doen.

Maar ik deed het niet. Innerlijk was ik er nog niet aan toe, en dat laatste is toch een absolute noodzaak. Pas wanneer je zélf voelt dat je de dingen moet doen, moet je ze doen. Eerder niet. Ik kan me herinneren dat ik met pijn en moeite een kwartiertje liep, en dan ging ik weer naar huis. En een paar maal per dag herhaalde ik dit ritueel.

Op een dag liep ik weer naar buiten voor mijn bekende kwartiertje, maar ik voelde ineens dat ik dóór kon lopen. Langer. Ik nam er nog maar een laantje bij, en nog maar een straatje, en nog maar een laantje, en ten slotte liep ik drie kwartier, op weg naar mijn come-back. Niemand had me iets ingefluisterd (of het zou mijn Engelbewaarder geweest moeten zijn). Ik voelde gewoon dat ik ertoe in staat was.

Nogmaals, hoe goed het ook bedoeld is, van 'dit moet je doen en dat moet je laten', we hebben allemaal die inwendige stem, en die fluistert je uiteindelijk iets in, op de juiste tijd, en op het juiste moment.

Het voorval van het rekbare kwartiertje, tekent een beetje de revalidatietijd, de tijd van herstel. Je bent bangerig, allemaal. Ik ook, en ik weet nog niet eens of ik wel zou willen ruilen met de praatjesmaker die zich na een korte periode van herstel zonder enige vrees weer helemaal terug in de ring waant.

Telkens opnieuw kom je voor de vraag te staan: 'Wat kan ik wel, en wat kan ik niet?' Ik heb ondervonden dat je meestal meer kunt dan je denkt en dat het alleen de angst is die je een beetje tegenhoudt. Daar moet je doorheen.

Ik weet nog als mijn vriendje Hans kwam en ik een behoorlijk eind moest fietsen op de stilstaande fiets, dat ik dan vaak zei: 'Hans, kunnen we vandaag niet overslaan, ik ben zo intens moe.' Maar natuurlijk kende hij zijn pappenheimers, en met een grapje kreeg hij me toch op de fiets en na het fietsen begreep ik voor de zoveelste keer dat ik méér kon dan ik dacht. 'Hoe bestaat het toch?' riep ik dan theatraal na afloop van de fietstocht. 'Ik dacht dat ik de pedalen niet rond zou kunnen krijgen. Heb ik nu toch maar een stuk Tour-de-France weggefietst van heb ik jou daar.'

Dit is een belangrijk iets: Het je telkens weer verwonderen

over wat je kunt, over wat je niet voor mogelijk had gehouden. Daarnaast helpt het uiteraard kolossaal als je zo'n Hans hebt zoals ik die heb gehad, een knaap met wie je lachen kunt, want dat hebben we gedaan.

Als je een leven lang andere mensen aan het lachen hebt gemaakt, en je wilt op een bepaald moment zelf eens lachen, dan zijn de komieken schaars, maar in Hans vond ik een maatje om echt plezier mee te maken. Ik leerde weer eens begrijpen hoe helend lachen kan zijn: het relativeert, het krikt je op, het is een geestelijk medicijn.

Vergeten

Tijdens de revalidatie hoor je van allerlei mensen: 'Nu moet je het ook echt vergeten. Je hebt het nu gehad, zet het nu uit je hoofd. Vergeet het!'
Iets vergeten is echter veel moeilijker dan iets bedenken. Iets bedenken doe je, maar iets vergeten kun je niet doen. Bewust iets uitvlakken uit je denkwereld is dus net iets moeilijker dan iets bedenken. Ach, ik zou me er niet zo druk om maken. Natuurlijk is het makkelijker als je het hele gebeuren kwijt bent, 'opgeruimd staat netjes', maar als dat niet wil lukken, moet je je er geen zorgen over maken. 'Vergeten' is een kwestie van tijd. Als je daar ongeduldig op gaat zitten wachten, duurt het waarschijnlijk nog langer. Waarom zou het een ramp zijn als je het voorlopig niet vergeet?
Op een kaart die ik met mijn verjaardag kreeg stond een spreuk:
'Tijd en geduld zijn sterker dan kracht en geweld.'
Kijk, in die geest moet je het zoeken. Laat het maar over aan de tijd. Een mens moet ook niet ALLES zelf proberen te regelen. Er zijn machten buiten hem om die hem af en toe teisteren en hem af en toe bijstaan. Van hogerhand is er een kracht die de duur van alle dingen bepaalt. En dat is op geen enkele klok af te lezen.

Eerste kerstdag

Als je zegt: 'Ik heb geen honger, ik heb absoluut geen trek', en je wordt daarna plotseling aan een mooi gedekte tafel gebracht met vruchten en dranken en etenswaren, dan komt die lust vanzelf terug. Op zo'n wijze kun je het leven voor jezelf in beeld brengen.
Zet in je geest een lange tafel neer, en dek de tafel. Stal er de mooie dingen van het leven uitbundig op uit, en wek, net als met de eetlust, de levenslust op in jezelf. Echt moeilijk is dat niet.

Dit is de morgen van de eerste kerstdag. Buiten is het guur en koud. De tuin ligt onder een dik pak sneeuw en de witte vlokken dwarrelen langs mijn raam. Ik ben bij lange na niet in een hoera-stemming, maar als ik me realiseer dat dit de dag is waarop de gehele wereld de geboorte van het Kind van Bethlehem in herinnering roept, dan krijg ik toch een beetje de kriebels om een kerstliedje te zingen. Of om er op z'n minst naar te luisteren. Alleen de gedachte aan het Kind maakt je al een beetje blij van binnen.

Nou weet ik wel dat we niet elke dag Kerstmis vieren, maar wel, dat, wanneer je elke dag opnieuw bewust je open stelt voor de mooie dingen van het leven, je op den duur merkt dat het er veel meer zijn dan je dacht, en dan is iedere dag dubbel en dwars waard om geleefd te worden.

Geleid

Mensen vragen mij wel eens hoe ik aan mijn Godsvertrouwen kom. Ik kom daar niet aan omdat ik zo'n vroom mens zou zijn, want dat ben ik niet en dat ben ik ook nooit geweest. Ik heb heel wat fratsen die God verboden heeft, uitgehaald, maar als...

Als ik denk aan de armoede van vroeger of als ik in het Gooi langs een cafeetje rijd, waar ik zat toen ik voor de allereerste keer auditie moest doen bij de KRO, en ik nog één kwartje in mijn zak had om er een kopje koffie van te kopen, met andere woorden: Als ik terugkijk op mijn leven en zie hoeveel barricaden en hindernissen ik heb genomen, totdat ik in een goeie auto kon rijden naar een theater dat tot de laatste plaats was uitverkocht, dan weet ik zeker dat ik die niet allemaal uit eigen kracht heb genomen.

Ik heb mij geleid gevoeld, mijn leven lang, en dat voel ik mij nog. Ik vind dan ook spreken over God de gewoonste zaak van de wereld en ik heb geen last van een soort valse schaamte. Liever beken ik openlijk mijn zwakheden, omdat ik tot in het diepst van mijn ziel ervan doordrongen ben dat wij allemaal, wat wij ook doen, afhankelijk zijn van Hem.

De overgave

We hebben het erover gehad hoe je op bepaalde manieren zwaarmoedigheid of angst kunt bestrijden. Ik heb geen alles helende recepten en wil graag oplossingen aan uw eigen originele manier van aanpakken overlaten. Iets wat uit de mens zelf voortkomt is tenslotte sterker en waardevoller dan wat hem wordt geadviseerd. Daar hebben we het al es eerder over gehad.

Ik wilde nu nog iets zeggen over 'de overgave'. Dat is een krachtig middel om een ziekte aan te pakken. Aan te pakken zijn niet de juiste woorden, want dan is het geen overgave meer. Ik bedoel dat als je ervan uitgaat dat de ziekte niet ZOMAAR op je weg komt, maar dat zij een betekenis heeft, dan kun je proberen je over te geven aan de gedachte:

'Dit moet gebeuren, laat het dan ook gebeuren.'

Het is een gedachte die voor velen een religieuze achtergrond heeft en je treft ze aan bij mensen met een groot Godsvertrouwen. Zij leggen op een bijna kinderlijke wijze hun lijden in Zijn hand. Het zijn de mensen die in staat zijn met volle overtuiging te zeggen: 'Uw wil geschiede.' Het Godsvertrouwen sterkt hen, brengt hen niet tot wanhoop, maar tot rust.

Een man en een hond

Ik heb in het ziekenhuis een man ontmoet die mij vertelde dat hij al voor de vierendertigste keer was opgenomen en hij zei het tegen een ieder die het maar horen wilde. Het verdrietige van zijn situatie had min of meer plaatsgemaakt voor het interessante. Hij vertelde het ook met een bepaalde trots.

Ik kwam ook mensen tegen die allang hersteld waren, maar de rol van patiënt bleven spelen, omdat het hen blijkbaar zinde dat zij nog steeds verzorgd werden en belangstelling trokken.

Ik heb mensen zo overdreven over hun angsten horen praten, dat ik dacht: Als daar maar de helft van waar is, dan zouden ze het niet hebben overleefd. Het waren mensen die zo gewend waren geraakt aan hun angst, dat ze ermee rond bleven lopen. Het was alsof ze zich niet compleet voelden als ze een dag geen angst hadden. Ze droegen de angst bij zich als een kledingstuk.

Al die ervaringen met anderen zetten mij ook aan het denken. Ik kwam er achter dat veel mensen bezig bleven met hun angst, terwijl de echte angst allang achter de rug was. Laat ik een voorbeeld geven:

Je loopt in een stille laan en plotseling komt er een reusachtige hond op je af. Op zo'n moment ben je uiteraard bang. De schrik slaat om je hart, en je voelt de angst lijfelijk.

Later, als je thuis bent, vertel je je verhaal en komt die angst weer terug. Het is een soort herbeleving. Nu, dat bedoel ik.

De oorzaak van de angst (die hond, of die operatie, enz.) is allang voorbij, maar door er mee bezig te blijven, roep je de angst weer op. Als je dit begrijpt, begrijp je ook dat je dat herbeleven vooral niet moet doen.

Vitaliteit

Je kunt het lichaam niet méér belasten dan er voortdurend aan te denken. Ik geloof dat grote kunstenaars, musici, schilders of schrijvers, clowns of toneelspelers die af en toe helemaal los van het lichaam, het lichaam geheel en al vergetend, opgaan in hun werk, daardoor vele uren levenskracht verzamelen. En als dat 'af en toe loskomen' heel vaak gebeurt, bereiken zij een hoge leeftijd. Als je je lichaam geheel en al kunt vergeten, krijg je vitaliteit terug. Vergeten wil zeggen dat je een ander personage wordt. Want dat is wat de grote musicus doet als hij zijn instrument bespeelt. Hij vergeet dan zichzelf en gaat op in de muziek. Hij is een tijdlang onstoffelijk, zou je kunnen zeggen. Ja, ik ben er zeker van dat veel kunstenaars hieraan hun vitaliteit en hun hoge leeftijd hebben te danken. (Robert Stolz, Chagall, Picasso, Charlie Chaplin, Arthur Rubinstein, sir Laurence Olivier, Horowitz, enzovoort.)

Horowitz

Gisteren zag ik Horowitz, de beroemde Russische pianist. Fantastisch. Geniaal.
Ik ken hem niet persoonlijk, maar hij maakte een heel onbevangen indruk op mij. Een kind van zevenentachtig. Met twee toverhandjes en een hart boordevol muziek. Volgens mij heeft hij de fase waarin de mens zich onophoudelijk vragen over leven en dood stelt, reeds lang achter zich gelaten. De verzoening met het einde heeft al plaatsgevonden. Daar komt die onbevangenheid vandaan. Ze heeft de onrust verdrongen, en daarvoor is de totale overgave in de plaats gekomen. Het geeft aan zijn leven een extra dimensie, die hij ook uitstraalt.
De mensen in de zaal zaten gefascineerd naar hem te luisteren. Een groot deel van die fascinatie komt voort uit zijn levensinstelling. Misschien slaat hij weleens een nootje over en maakt hij es een foutje; maar so what? Dat soort 'belangrijkheden' deert hem allang niet meer. In zijn muziek is hoorbaar dat hij ieder uur van de dag plukt, en dankbaar is dat hij leeft.

Dat is wat veel mensen nalaten. Die dankbaarheid. Je bent daar meestal pas aan toe als je de kunst van het leven begint te verstaan, dan bereik je een bepaald evenwicht, en door dat evenwicht kom je tot die dankbaarheid.

Geen gezeur

Er wordt wel gezegd dat je door ziek te zijn dingen aan de weet komt, die je anders nooit aan de weet zou zijn gekomen. Daar zit een kern van waarheid in. Ik althans heb duidelijk iets geleerd over hoe bewust je de dagen kunt beleven en dat je de stemming niet afhankelijk moet maken van de maanden van het jaar, waarin je pleegt te zeggen: 'In december voel ik mij altijd een beetje bedrukt' of: 'In het najaar voel ik me gejaagd' of: 'Ik kan niet zo tegen de hitte van de zomer' of: 'In het voorjaar heb ik net als in het najaar iets onevenwichtigs over me.'

Kijk, al die dingen, dat gezeur over het weer, dat gezanik over bepaalde perioden, heb ik leren uitbannen, en de voorkeur voor bepaalde dagen is komen te vervallen, omdat ik elke dag van het leven leven wil, met open ogen en open oren. De weelde van één dag mag niet verstoord worden door bijkomstigheden.

Voor mij is nu een dag: Een dag die ik helemaal beleven wil, van de ochtend tot de avond, uur na uur.

Als het ook maar even kan, wil ik die dag proeven, helemaal, tot op de bodem.

Dit is de dag, vandaag, en dit is het moment. Nu! Het is niet overdreven om het elke dag tot je te laten doordringen dat een dag een geschenk is en niet iets 'vanzelfsprekends'.

De dag wordt je gegeven – en het is een gigantisch gebeuren – als het daglicht te voorschijn komt uit de nacht. Dat gebeurt terwille van ons, terwille van jou en mij.

Wat mij wél als vanzelfsprekend voorkomt is dat wij de hemel danken aan het begin van de dag.

Prestaties

Een heleboel van de dingen die mensen presteren zijn naar buiten gericht. Prestaties bezorgen mensen een bepaalde status, ze klimmen erdoor wat hoger op de maatschappelijke ladder en soms pronken ze zelfs met wat zij presteerden.

De vraag is echter: Wat presteer je eigenlijk tegenover jezelf? Valt daar in je innerlijk ook iets te vinden waarmee je kunt pronken, of moet je telkens toegeven: 'Ik ben zwak, ik ben laf, ik geef veel te gauw de moed op.'

Of ben je in staat door wat je een mentale training zou kunnen noemen, iets in jezelf op te bouwen waar je op terug kunt vallen in moeilijke situaties. Zij die dat gedaan hebben, hebben zich, waar zij ook staan in de maatschappij, iets heel kostbaars gegeven. Het zijn de mensen die niet blijven zeuren over omstandigheden die hun niet zinnen; zij beschikken over een kracht die de somberte of de grijze bui waardoor wij allen wel eens overvallen worden, overwint.

Ik geloof dat de meesten van ons naar buiten nog wel iets kunnen tentoonstellen, maar dat er weinigen zijn die iets van binnen hebben laten gebeuren waarmee ze gelukkig zijn. Naar buiten toe de 'happy go lucky guy', de vrolijke geslaagde jongen spelen, ach, dat hoeft niet zo moeilijk te zijn, maar het diep van binnen ook *zijn* voor jezelf, dat is andere koffie.

Denk je, als je je niet lekker voelt, er meteen het ergste van? (Ik heb het zo meermalen gedacht, mag u best weten.) Of ben je in staat je te blijven richten op het positieve? (En dat ben ik aan het leren.) Gooi je, als je niet slapen kunt, meteen een slaappil in je lichaam, of heb je het lef eens te zien hoever je komt zonder die pil?

Die kleine dingen zijn de dingen die te maken hebben met iets presteren tegenover jezelf. Zij zijn vaak van meer belang dan prestaties die alleen maar naar buiten zijn gericht.

Buitenbeentje

Mensen die een hartoperatie hebben ondergaan, blijven vaak maandenlang een buitenbeentje in de familie. Zij hebben zoiets van een ontdekkingsreiziger die ergens geweest is, waar de anderen nog nooit waren. Aan dat imago doen ze soms zelfs mee.

Zo zeggen zij bijvoorbeeld: 'Ja, ik heb om het hoekje van de eeuwigheid gekeken'. Om je zo in een uitzonderingspositie te plaatsen, is helemaal niet nodig, het helpt je geen stap verder. Het gaat er eerder om op gelijke voet te blijven met de andere familieleden of kennissen en jezelf niet op een eigen, zeg maar melodramatisch sokkeltje te plaatsen.

We zijn geneigd om van iets dat op zich niet zo uitzonderlijk is (hoeveel honderdduizenden mensen lopen bijvoorbeeld niet op de wereld met bypasses) iets uitzonderlijks te maken, waardoor het moeilijker wordt om je in het leven van alledag, tussen alle andere mensen te voegen. En daardoor blijven zij heel lang bij andere mensen achter, terwijl zij denken er op hun sokkel boven verheven te staan.

Coaching

Tijdens de herstelperiode heb je, ik schreef het al, mensen no-dig die je moed geven. De een kan dat beter dan de ander. Het juiste woord vinden is in die omstandigheden niet altijd even eenvoudig. Je hebt eigenlijk zoiets als coaching nodig. In de sport komt het voor dat iemand het geloof in eigen kunnen heeft verloren. Dat geloof kan door anderen weer worden gegeven, als men maar de juiste woorden gebruikt.

Ik ben geen televisiekijker. Ik vind de stilte van de kamer in de avond veel te kostbaar. Dus ik lees in de avonduren, en mijn vrouw doet dat ook. En wij vinden dat stille lezen zoveel mooier dan wat er over het algemeen uit het kijkkastje komt.

Maar goed, toevallig drukte ik laatst eens op de knop van het tv-toestel, en zag ik een vrachtwagenchauffeur die gewed had dat hij zijn wagen in balans zou kunnen houden, rijdend op twee stalen draden, een paar meter boven de grond.

De man zat gespannen achter het stuur in zijn cabine en heel, heel langzaam draaiden de wielen op de stalen kabels. Maar aan het begin van de kabels, of beter gezegd aan het eind, stond de coach en die riep met luide stem: 'Iets naar rechts, ja, iets naar rechts, iets naar links. Goed zo. Je kunt het. Je kunt het. Laat maar komen. Iets naar rechts, Jan. Goed zo. Perfect. Het gaat heel goed. Het gaat heel goed. Kom maar. Ik geloof in je. Ik geloof in je. Het gaat prima. Iets naar rechts, Jan. Iets naar links, Jan.'

En toen ik dat hoorde dacht ik: Dat is het nou. Zonder die man die zo overtuigd riep: 'Ik geloof in je. Het gaat goed', was die automobiel natuurlijk binnen de kortste keren van die twee draden gedonderd. Maar nu die stem er was, kon het haast niet meer fout gaan.

Als ik terugdenk aan mijn herstelperiode, of denk aan alle mensen die nu herstellende zijn, dan moet ik ook denken aan de stem van die man bij dat hachelijke spelletje op de tv.

Zo'n stem heb je allemaal nodig in die dagen, en dan ga je echt in jezelf geloven. Zolang dat geloof er niet is, ben je er nog niet.

Slijten

Tijdens de herstelperiode heb je fantastische dagen en je hebt dagen waarin je jezelf nog behoorlijk gehavend vindt. Als je dat aan iemand vertelt krijg je steevast te horen:
'Ach, dat slijt wel op den duur, dat slijt wel.'
Met andere woorden: 'Laat dat nou maar zo, daar hoef je niets aan te doen, de tijd zal dat wel regelen.'
Ik heb ondervonden dat deze zienswijze helemaal niet zo gek is. Van medicijnen moet je altijd nog afwachten of de werking positief zal zijn, van de tijd staat in elk geval vast dat hij helend werkt. Hij doet iets met je.
'De tijd heelt alle wonden', is misschien een tikkeltje overdreven, maar dat bepaalde gevoelens op den duur slijten staat voor mij vast. Ik zei weleens: 'Was ik maar een maand verder...'
Wijst dat er niet op dat je er gewoon op rekent dat de tijd iets met je doet wat positief is?

Hometrainer

Aanvankelijk moest ik driemaal per week fietsen op de hometrainer. Dat was een ongelooflijk karwei. Ik zag er iedere keer geweldig tegen op. Hans kwam 's morgens om elf uur – maar om tien uur was ik al doodmoe in mijn benen. Later heb ik begrepen dat die moeheid voortkwam uit het feit dat ik er zo tegen opzag. De geest belastte het lichaam zodanig, dat ik de last ging voelen in mijn knoken.
Een duidelijk voorbeeld van hoe 'wat je denkt' van invloed kan zijn op je lijf.

Ik ben daar gek

Het is het proberen waard: Positief leren denken over alles, over kleine en grote dingen, maar het werkt niet zo, dat als je angstig bent en je tegen jezelf zegt: 'Weet je wat, ik ga positiever denken, dan ben ik mijn angst kwijt', je die angst ook kwijtraakt.

Nee, je moet weten dat die angst er is bij ieder mens. Laat die angst maar zitten waar hij zit, en ga je op andere dingen concentreren. Je komt dan tot de ontdekking dat er nog veel positiefs om je heen is, dat in staat blijkt om het denken aan de angst te verdringen. Kleine dingetjes, kleine beslissingen die je gaat nemen, kleine uitspraken die je doet of hoort, daarmee bezig zijn noem ik positief denken.

Dit is een tijd waarin in de media het negatieve overheerst en het positieve overschaduwd wordt. Mensen die regelmatig de krant lezen of tv kijken weten dat. Toch leren zij er iets van. Zij zeggen op den duur: 'Ik heb genoeg van die negativiteit. Ja, ik ben daar gek.' En zo leren zij het positieve te ontdekken, zaken die hun meer plezier geven en meer kracht.

Ik zeg niet dat we alle ellende van de wereld maar moeten vergeten, ons er niets van aantrekken en alleen maar lachend door het leven moeten gaan. Verre van dat. Ik wil alleen maar zeggen dat wij in staat moeten zijn wat evenwicht te brengen tussen het leed en de overwinning van het leed, tussen de sombere kanten van het leven en de mooie.

Rust

In het Verre Oosten leven monniken die zich een leven lang wijden aan meditatie en concentratie op innerlijke rust. Zij bereiken daar soms wonderlijke resultaten mee, maar zijn er dan ook voortdurend mee bezig. Toch moet het ook voor ons in het gewone dagelijkse leven mogelijk zijn om rust te verzamelen, al is de wereld om ons heen nog zo hectisch. Verzamelen is niet eens zo'n slecht woord, want je komt tot innerlijke rust, wanneer je die rust beetje bij beetje verzamelt. De rust begint bij een overtuiging en heeft met overgave te maken. De overtuiging is dat je het leven niet in je eigen hand hebt, en de overgave is dat je de dingen die gebeuren, moet laten gebeuren.

Als wij werkelijk bewust willen zoeken naar de dingen die ons rust geven, zullen wij die in onze chaotische wereld toch nog altijd vinden in de natuur, in de bomen, in planten en bloemen, of op het strand aan de zee. We kunnen bijvoorbeeld ook een heleboel dingen laten die we nu doen, waardoor we ons ook een stuk rust verwerven. Kortom, we kunnen er zelf veel aan doen.

Onlangs hoorde ik een groot psycholoog tegen een jongeman die het nogal moeilijk had, zeggen:
'Jij moet nu eindelijk leren om positief te denken.'
'Dat is moeilijk,' zei de jongeman.
'Wat je nu zegt, is in ieder geval al negatief,' antwoordde de psycholoog.
En zo is het.

Machteloosheid

Tijdens een vrij lang ziekteproces kun je een gevoel van machteloosheid krijgen, een gevoel dat je geen kant meer op kunt. Toch kan er in diezelfde machteloosheid iets positiefs schuilen. Het is alsof de machteloosheid je meedeelt:
'Wat nu gebeurt, moet gebeuren. Daar kan niets meer aan veranderd worden. Het is een fase die bij je leven hoort. Je zult er doorheen moeten, en ergens, in de diepte, is het een zinvolle fase, ook al begrijp je dat nu niet. Dit is een ervaring van een andere orde, een beproeving waarbij je zult leren dat er voor deze gebeurtenis een bepaalde tijd staat.'
Die gedachte moet je aanvaarden en voelen dat er van hogerhand iets meespeelt, al weet je niet wat: een kracht die het getij zal doen keren, als de juiste tijd ervoor gekomen is. Je kunt die tijdsduur niet bespoedigen, dat leer je, en je leert ook met geduld te wachten.
Tenslotte blijkt dat de periode waar je zo zwaar aan tilde en waarbij je droefenis zo groot was, geen verspilde tijd is geweest.
Meer dan eens heb ik mensen die terugkeken op een beroerde tijd in hun leven, horen zeggen:
'Ik heb er veel aan gehad. Het heeft mij de dingen dieper en beter leren zien, en ook mezelf.'

Spiegel

Mijn gezicht staat niet zoals het staan moet.
Het hoort, als het goed is, te staan zoals ik dat wil.
Het is tenslotte mijn gezicht.
Maar ik moet er wel iets aan doen.
Als ik een vrolijk gezicht wil hebben, dan moet dat kunnen.
Maar nogmaals, dan moet ik er wel iets aan doen.

Een Amerikaans psychiater zei eens: 'Als je gezicht je niet
bevalt, ga dan voor de spiegel staan, trek een vrolijke kop en
zing een liedje.'
Het is geen ingewikkelde therapie, het is een wat kinderlijke,
naïeve act, maar deze doodsimpele methode wijs ik niet af.
Het is niet zo gek om je gezicht weer uit de plooi te halen en het
na een sombere periode weer te leren lachen.
Je moet niet vergeten dat je kop, wanneer je je lachspieren maar
zelden gebruikt, ernaar gaat staan. En dat is geen compliment
voor je persoonlijkheid en voor je uiterlijk.
Er zijn vaak doodeenvoudige middeltjes die ons een behoorlijk
eind op weg kunnen helpen. Het hoeft allemaal niet zo moeilijk te zijn.
Probeer het maar eens voor de spiegel. Wie weet.

Moed

De zachtmoedigheid is de opperste vorm van moed. Ze heeft niets met durf te maken en leidt de mens naar rust en kalmte. De zachtmoedige is in staat om in de andere mens de mens te zien die beter is dan hijzelf.

Zachtmoedigheid en ootmoedigheid stellen mensen in staat moeilijkheden gemakkelijker te overwinnen.

Als je ziek bent, wensen mensen je sterkte toe.

'Heb goede moed,' zeggen ze.

Maar de zachtmoedigheid die mensen zo krachtig kan maken, komt zelden aan de orde.

En nou we het toch over moed hebben: Wat dacht je van de blijmoedigheid? Da's ook niet niks.

Stress

Het is nog niet zolang geleden dat onze taal verrijkt werd met het woord 'stress'. Het sloeg in als een bom. Binnen de kortste keren hoorde je mensen zeggen: 'Ik heb stress.'

Vóór die tijd waren zij ook wel es gespannen, maar toen het nieuwe 'etiket' er was, hadden zij echt 'iets'. Er werd nadrukkelijk en geleerd over gepraat en uitgeweid.

Als gevoelens namen krijgen, tekenen ze zich blijkbaar ineens scherper af. Alleen al het horen van het woord 'stress' geeft de ietwat (over)gevoelige mens een tik. Onbehaaglijke gevoelens worden plots een kwaal, en we vergeten dat we ze voor het grootste deel onszelf hebben aangepraat.

Ik moet vaak denken aan mijn grootouders, die allebei heel oud zijn geworden, met een vocabulaire waarin woorden als stress (en tientallen andere die vooral ten bate van de chemische en farmaceutische industrie lijken bedacht) niet voorkwamen.

Echt?

't is allemaal niet zo echt
't is meer een beetje show
ik vraag me af: ben ik bedroefd
of doe 'k alleen maar zo

zal ik je zeggen wat het is
ik weet nu hoe het gaat
ik heb mijzelf die droefenis
een beetje aangepraat.

Aanpraten

Ik wil graag nog iets zeggen over 'aanpraten', want in de kleine versregels heeft aanpraten iets negatiefs, en dat hoeft niet altijd het geval te zijn. Er is ook een 'aanpraten' dat positief werkt, maar dat 'aanpraten' doen wij te weinig.

We zeggen: Ik voel me zus, of ik voel me zo, alsof we op dat punt *willoos* zijn en we altijd maar moeten afwachten hoe we ons voelen. Waarom? Wij zijn helemaal niet willoos. Je kunt op z'n minst jezelf eens flink de les lezen en de onbehaaglijke gevoelens aanpakken door jezelf iets positiefs 'aan te praten'.

Het toegeven aan deprimerende gevoelens is een zwakheid die bij deze tijd hoort, een soort welvaartsreactie. Het staat vast dat de mensen die de weelde van onze welvaart niet kennen, veel minder belangrijk doen met ik voel me zus of ik voel me zo. (In de oorlog hadden we dat ook.)

Wij zijn geneigd om te luisteren naar mensen die roepen dat het leven zo moeilijk is in de wereld van vandaag. Het van buitenaf komende, overdonderende negatieve nieuws projecteren wij bovendien maar al te gauw op ons kleine wereldje van alledag, zo van: Het zal met ons ook wel niet in orde zijn.

Waarom niet stoppen met ons willoos overgeven aan deprimerende gevoelens en waarom ons niet realiseren dat, hoe moeilijk de wereld om ons heen ook doet, het leven zelf eenvoudiger is dan je denkt en dat het wonder dat er toch ook is, onveranderd de eeuwen trotseert.

Punt

De medische wetenschap bereikt de ene top na de andere. Daar kun je alleen maar je pet voor afnemen. Wie had een halve eeuw geleden kunnen voorzien dat men ooit aan harttransplantatie zou doen?

Het is des te merkwaardiger dat er op andere (lijkt mij eenvoudiger) gebieden zoveel tegenstrijdigheid heerst. De ene arts hecht het grootste belang aan wat we eten, de andere arts rept er met geen woord over. 'Alle schaaldieren bevatten cholesterol, meneer Hermans,' hoor ik de diëtiste nog zeggen. 'U mag wel es een oestertje eten, maar ik zou er geen gewoonte van maken, als ik u was.'

Ik wilde niet meteen zeggen: 'Maar u bent mij niet – en ik ben u niet, want van ieder mens is er maar één', want dat wist zij al, maar een dag later kreeg ik een brochure in handen van een medicus (bekend van radio en tv) waarin klaar en helder te lezen staat: 'Oesters zijn gezond en vooral uitstekend voor hart en vaten.' Ik geloof dat wij, om in de voedingsterminologie te blijven, deze zaken maar met een korreltje zout moeten nemen, in plaats van met een schepje.

Af en toe een mokkapunt?

Ach, je moet er niet zo'n punt van maken.

Leven is voor alles ruimte… beweging… flexibiliteit… en alles wat star is en eng hoort eigenlijk niet bij de allure en de souplesse van het oorspronkelijke leven.

Positieve competitie

Je ziet de ene mens luchtig over iets heen stappen, waar jij krampachtig voor blijft stilstaan. Je kunt je bij dit verschil neerleggen, maar je kunt ook zeggen: 'Wat hij kan, kan ik ook. Hij doet niets bovennatuurlijks en we zijn allebei mensen.'
Er is zoveel agressieve competitie op deze aarde. Dit is nou eens een onschuldige positieve competitie. Als de ander iets beter doet dan ik, met minder of geen angst, waarom zal ik dan niet proberen hem na te doen? En als het niet direct lukt, dan laat ik me niet door angst overrompelen, maar probeer ik het nog eens. Ik laat me niet opzij drukken, zet m'n beste beentje voor. 'Wat hij kan, kan ik ook', dat blijf ik herhalen en op den duur kom ik net zo ver als de ander.
Als eenmaal iets lukt, dan vat je moed en dan ga je door. Probeer het maar eens.

Mensen

Na een periode van afzondering zie je de mensen als de liefste wezens die God heeft geschapen, en je vergeeft en vergeet wat er aan rottigheid op de wereld is, omdat je je met beide handen vastklampt aan de liefde, en aan het geloof in de mens.
Je begrijpt dat als mensen het geloof in elkaar verliezen, de wereld tot een nutteloos stukje grond wordt. Je begrijpt dat de aarde draait door de mensen die nog van elkaar houden.
Toen ik voor het eerst het liedje hoorde:
People, who love people
are the luckiest people
in the world
dacht ik: Dát is het. Dat liedje had ik nú willen schrijven.
Had ik het maar gedaan, want het brengt precies onder woorden wat ik al een leven lang voel.

Kwakkel-sfeertje

'Ziek zijn' moet je leren. Je zou bijna zeggen: wie er (geestelijk) het beste mee omgaat is er ook het eerste van af.

Waar je voor moet uitkijken is dat 'kwakkel-sfeertje' dat, als je niet héél alert bent, om je heen gaat hangen als je ziek wordt. Dat moet je niet hebben. Dan ga je dingen doen die alleen maar een zieke doet en dan word je hoe langer hoe zieker – je raakt van het een aan het ander... het kwakkel-sfeertje vult je denken en doen, en dat is nou net het laatste waar je op zit te wachten.

'Ziek zijn' betekent ook 'beter worden'. Beter dan je *wás* voordat je ziek werd – die gedachte moet je niet loslaten, dat is een positief perspectief.

Ik heb al eens in een ander boekje geschreven over *gewenning*. Gewenning is een van de beroerdste kwalen die er zijn. Roken, drinken, drugs, televisiekijken, berusten hoofdzakelijk op gewenning. Met 'ziek zijn' is dat ook het geval, je gaat wennen aan een andere leefstijl, bewegen in een ander toerental.

Ziek zijn is niet uitsluitend en alleen een organische stoornis, het is vooral een sfeer waar je in verzeild raakt. Een sfeer waarin je veel te veel praat en hoort over ziek zijn, en waar je tenslotte zó aan gewend raakt dat je er haast niet meer buiten kunt.

Het geklaag, het gemopper, het op jezelf letten wordt een chronische gewenning, en die vervelende kant van ziek zijn moet je duidelijk onder ogen zien, want je zit in het 'kwakkel-sfeertje' voor je er erg in hebt, je doet de mensen om je heen er geen plezier mee en jezelf ook allerminst.

Wie 'ziek zijn' wil leren, moet bij het humeur beginnen.

Zet de blik op helder en de mond op glimlach.

Wend je neus naar het licht dan valt de schaduw achter je.

Vertel je huisarts een mop en op een dag zeg je: 'Het is over.'

Dat is een zalig zinnetje, 'het is over,' een heerlijk gevoel.

En denk erom als dat gevoel er eindelijk is, hou het dan vast.

Want over is over!

Allerlei verhalen

Een jaar of vijftien geleden kreeg ik eens na een longontsteking een ontzaglijke angst voor alles wat met tocht en kou te maken had. Het was werkelijk op het belachelijke af. Soms moest ik er zelf om lachen, maar ondertussen bleef het zoals het was.

Daar kom ik nooit meer van af, dacht ik.

Eerst reed ik altijd met open kap, en het weer? Daar had ik glad maling aan, maar nu moest alles dicht: de raampjes hermetisch gesloten en op het dashboard, waar eventueel nog lucht door zou kunnen komen, legde ik een paar dikke wollen dassen. Overal waar ik binnenkwam, lette ik het eerst op de ramen, of er niets open stond. Te gek voor woorden.

Maar op een dag was het voorbij. Passé. En ik dacht: Dat hebben we weer gehad.

Kijk, zulke gebeurtenissen moet je wel onthouden, want daar kun je een boel van leren. Je weet soms niet hoe je een bepaalde kwaal hebt opgelopen, maar je weet helemaal niet hoe je hem bent kwijtgeraakt. Er was geen dokter of psychiater aan te pas gekomen, niemand. Ik kan me ook niet herinneren dat ik er zelf iets aan heb gedaan.

Blijkbaar gaan bepaalde kwalen voorbij, zoals ze zijn gekomen. Plotseling is er een kentering, je voelt je beter, en je kunt er geen zinnig woord over zeggen.

Wat je veelvuldig hoort als het over hartkwalen gaat, zijn vergelijkingen. Alle mogelijke mensen komen je vertellen dat het met tante Annie zo goed is gegaan, en die had precies hetzelfde. En dat ome Frans en ome Sjaak, en die man uit het café op de hoek, en de drogist, en noem ze allemaal maar op, na de operatie zoveel beter waren dan ervoor.

'Als je Harrie ziet, die is nou in de zeventig. Is drie maanden geleden geopereerd, hij is nog nooit zo goed geweest. Ongelooflijk. Dus maak je niet ongerust.' Maar al die vergelijkingen helpen niet. Je staat er zelf, alléén voor, dat is de enige werkelijkheid die telt. En je hebt je eigen herinnering, bijvoorbeeld aan die tijd na de longontsteking. En dat helpt.

Moeheid

Nu ik zo langzamerhand aan het eind van mijn aantekeningen kom, wil ik nog iets schrijven over moeheid. Ik heb er al over verteld, maar doe het nog eens, omdat het een van de zaken is waar je beslist tijdens de revalidatie keer op keer mee te maken krijgt.

Je bent soms hondsmoe, en de vraag is dan: 'Wat doe je er aan?' Ja, wat doe je met die moeheid? Laat je die zomaar als een steen bovenop je liggen? Roep je naar alle kanten uit dat je moe bent? Voel je die moeheid geestelijk zwaar op je drukken?

Als je er een dramatisch thema van maakt, hoeft het geen betoog dat de moeheid almaar zwaarder en zwaarder wordt.

Ik heb eens een Amerikaans vriendje gehad, of beter gezegd, die heb ik nog. Hij was professor aan de Yale University in New Haven. Als hij moe was, ging hij zes kilometer hardlopen. Ik wil u zoiets niet aanraden, want ik heb er niet de medische bevoegdheid voor, maar voor mij was het een verrassing hoe hij de moeheid als het ware uit zijn knoken liep. Want als hij terugkwam, was hij weer zo fit als een hoentje.

Als je moe bent, zeker als je wat ouder wordt, heb je de neiging onmiddellijk de grote stoel op te zoeken en te blijven zitten. Maar dan doe je iets waar je lichaam weinig profijt van zal hebben, en daar durf ik wel van te zeggen, dat je dan iets doms doet. Iets waarbij je lichaam zeker niet is gebaat.

Ziek zijn

Niemand wil ziek zijn. Ziekte ligt altijd op de loer, maar gelukkig wordt ons denken er niet altijd door beheerst. Af en toe steekt echter de gedachte aan ziek zijn toch de kop op. Dat is menselijk. Omdat wij zo opzien tegen ziekte, overdrijven we soms schromelijk als we ziek worden. Een uitdrukking als: 'Hij is aan het ziekbed gekluisterd' zegt al meer dan genoeg.

Hoevele malen hebben we niet bij een klein pijntje hier of daar in het lijf gedacht dat er iets ernstigs op komst was? En hoevele malen bleek dat pertinent niet waar?

Je bent hersteld van een of andere kwaal, de dokter zegt, het is over, iedereen om je heen bevestigt dat, maar de enige die het niet of nauwelijks gelooft ben je zelf.

In het eerste geval ben je dus wel bereid het kwade als het enig juiste te zien, terwijl je in het tweede geval moeite hebt om het goede als juist te accepteren.

Mijn grootmoeder zei altijd: 'Onze Lieve Heer heeft rare kostgangers.'

Onlangs heb ik het Onze Lieve Heer gevraagd.

'Dat mag je wel zeggen,' zei Hij.

Een daalder waard

Er stond een groot stuk in Vrij Nederland, waarin ik mijn grappenmakerij in het theater zo'n beetje uiteenzette. De redactie had het 'een college' genoemd, en zelfs het lezen van het artikel gaf mij een kick. Want als je niet oppast, vereenzaam je. Je dwaalt te ver af van het werk dat je zo liefhad, van de wereld waarin je zo lang hebt geleefd: het theater. En dan geeft zo'n stuk je weer een fijn gevoel. 'Je kunt alles weer,' zegt de cardioloog dan, 'je kunt alles weer.' En een ander zegt: 'Ik kom net terug uit Londen. Ik heb er de musical Cats gezien. Waarom ga je er ook niet heen? Ik zou als ik jou was vandaag nog boeken.' Ja, dat zijn fantastische zinnen. Die geven de burger moed. Die halen je uit de hoek, geven je zelfvertrouwen, ze stellen je weer op één lijn met je medemensen.

Maar dan zul je ook moeten proberen een dergelijke 'opdracht' uit te voeren. Het is niet eenvoudig om die stappen te doen, maar de eerste stap is een daalder waard, de tweede wordt dan makkelijker en de derde komt vanzelf.

Ik schreef u deze dingen omdat ik ze allemaal heb beleefd en ik hoop dat u er iets aan heeft.

Artsen-woorden

Aan het slot ook nog een paar regels voor artsen. Een ernstige ziekte is voor een patiënt iets nieuws, een fase die hij niet eerder in zijn leven kende. De dokter echter spoedt zich van het ene naar het andere geval, voor hem is er weinig nieuws bij.

Je ziet doktoren met een geheel onbewogen gelaat spreken over hersenbloedingen, zoals de schilder praat over de kleuren op zijn palet. Het is ook onmogelijk van hen te verlangen dat zij zich helemaal inleven in wat hun patiënten kwelt, maar dat neemt niet weg dat zij in vele gevallen niet de juiste woorden kiezen om hun cliënten moed in te spreken.

Tegenover de dokter ben je een volslagen leek, een ondeskundige. Hij is het die het weet, maar naast zijn deskundigheid vind ik dat zijn uitstraling rust moet geven, en dat zijn woorden in staat moeten zijn de mensen moed te geven.

Ik heb in mijn leven heel wat artsen ontmoet. Van sommigen ging er iets uit van: 'Ach, het zal zo'n vaart wel niet lopen', terwijl anderen al bij hun verschijnen een sfeer van grote dreiging opriepen.

Twee mensen die elkaar ontmoeten hebben ieder voor zich een uitstraling. Dat geldt ook voor de ontmoeting tussen dokter en patiënt. Als die uitstralingen zich samen goed bundelen, dan ontstaat het juiste klimaat, waarin de zaak besproken kan worden. Is dat niet het geval, dan wordt alles krampachtiger en dat lijkt mij heel wat minder geneeskrachtig.

Notities over het hart en hartverwarmende opmerkingen

Een zieke heeft iets wat hem lichamelijk kwelt. Maar meer dan wat hij *heeft*, kwelt hem vaak wat hij *denkt*.

Het zit allemaal in het koppie.
In het koppie zit een knoppie.
En dat knoppie moet je zelf omdraaien,
zoals het knoppie van de tv.
Je moet de beelden opzoeken die je goed doen
en de boze beelden moet je onmiddellijk afzetten.

Als je een operatie hebt ondergaan, roep dan niet steeds weer opnieuw die beelden van toen op. Niet doen. Ook niet in gesprekken met anderen.

Wees vriendelijk tegenover anderen, maar vooral ook tegen jezelf.

Eet niet overdadig. Beter zes keer per dag een beetje, dan een paar keer een heleboel.

Ga veel naar buiten. Lopen in de vrije natuur is fantastisch. Maar ook dat niet overdrijven.

Men zegt wel meer tegen mensen die een operatie hebben ondergaan: 'Doe het wat kalmpjes aan', maar dat kun je met evenveel recht zeggen tegen mensen die nog nooit zijn geopereerd.
Waarom zou een mens overdrijven? Maat houden is een van de geheimen van de levenskracht.

Levenskracht is niet één kracht, maar bestaat uit drie krachten: de lichamelijke kracht, de geestelijke kracht en de zielekracht. De zielekracht is onvergelijkbaar veel groter dan de twee andere. Zij inspireert de geest, en op haar beurt voedt de geest het lichaam.

Houd je levenslust op peil. Levenslust betekent letterlijk: de lust om te leven. Als je het leven niet meer lust, heeft het allemaal geen zin meer. Bon appetit!

Probeer elke dag te lachen, liefst hardop. Tranen lachen is een enorme ontspanning. Wees in ieder geval opgewekt. Als je je bezwaard voelt, bezwaar je met die gedachte het genezings-proces.

Luister veel naar muziek. Naar opgewekte liedjes. En naar grappen.

Denk asjeblieft niet dat ieder pijntje in je borst iets met je hart te maken heeft.

Bid af en toe eens wat. Al is het maar één zinnetje. Maar ga er wel van uit dat God je hoort, dat Hij naar je luistert. Als je dat niet doet, dan bid je niet.

Eet niet te veel vlees, wel veel groente. Een glas wijn doet goed af en toe. Je moet geloven in wat je dokter zegt, maar je moet vooral geloven in je eigen herstel. Twijfels stagneren.

Als je baalt of ongeduldig wordt, praat dan luid en duidelijk met jezelf. Ja hardop, bedoel ik. Nog beter voor de spiegel. Spreek jezelf toe. Een welgemeende speech kan je opladen. Dat hoef je niet altijd aan anderen over te laten. Wat een ander kan, kun je zelf ook.
De weg naar je diepste zelf ken je zelf het beste.

Maak geen kasplantje van jezelf.
Wees niet bang voor het weer.
Probeer onder alle weersomstandigheden naar buiten te gaan.
Maak flinke wandelingen.

Vandaag schreef ik een brief aan een bypass-patiënt.
'Het gaat veel beter met je dan je *denkt*,' schreef ik.
'In dat denken zit namelijk de helft van je genezing.'

Als je eindelijk door hebt dat er weinig de moeite waard is om je over op te winden, dan heb je meer kans om lang en gelukkig te leven.

Mensen die zeggen: 'Ik geloof niet dat, als je iets heel sterk denkt, het ook gebeurt', zijn altijd mensen die dat nog nooit hebben meegemaakt. Je gelooft deze dingen pas, als je ze hebt ervaren.

Lijfspreuk

Ik heb tot mijn lijfspreuk gemaakt:
'Het leven is veel sterker dan ik. Ik dien mij te onderwerpen aan het leven, en ik mag daarbij zeggen dat het uit de Hand komt van een liefdevolle Schepper.'

Bedenk tenslotte dat er Eén is die precies weet hoe lang je leeft. Tot op de minuut. Met andere woorden: 'Laat het maar aan Hem over.'

Levensvuur

In ieder mens is levensvuur. Bij de een doven de vlammen al vroeg, met zijn vijftigste, bij de ander blijven de vlammen maar oplaaien tot over de tachtig.

Dat heeft niet alleen te maken met een lichamelijk proces. Integendeel zou ik haast zeggen. Zou de ene mens door de bank genomen nou lichamelijk zoveel sterker zijn dan de ander? En u weet toch ook dat krakende wagens het langst lopen.

Levensvuur heeft met liefde te maken. Met liefde voor het leven. Vurige liefde voor het leven. Die liefde houdt jong.

Als je zomaar leeft en niet weet wat je aan het doen bent, als je het leven niet beleeft, bedoel ik, als je niet weet wat leven *is*, dan kun je het uiteraard ook niet liefhebben, laat staan in vuur en vlam geraken voor het leven. En dan dooft het vuurtje snel.

Leer het leven te waarderen als een godsgeschenk.

Leer elke dag te zien als een stuk van je leven.

Probeer de dagen bewust te leven van uur tot uur.

Anders ontglipt je de tijd.

Dan is de lente om, voordat je hem hebt gezien, dan is de zomer voorbij, zonder dat je hem hebt opgemerkt. Merk alles op en leer te kijken naar het leven vanuit een grote dankbaarheid.

Het is niet zo gewoon dat je hier bent. Het 'hier zijn' heeft een bedoeling. Je aanwezigheid hier heeft zin. Daar steekt iets achter.

Het woord 'leven' klinkt groot en plechtig, en wat zijn er niet een moeilijke dingen over geschreven. Maar houd vooral in het oog dat datzelfde grote leven bestaat uit ontelbare kleine dingen die wij kunnen leren opmerken en waarderen. Het leven is opgebouwd door de kleine dingen van de dag, en daar met aandacht en respect mee omgaan is de levenskunst.

Alléén leven is geen leven. We leven samen met anderen die wij helpen zoals zij ons helpen. We behoren niet te snel te zijn met veroordeling en afwijzing. We zijn allemaal als het erop aankomt hulpeloos. We hebben allemaal onze gebreken, en in het wonder van het leven zijn we gelijk.

Als het effe kan, maak er dan een feestje van. Zing voor de jarigen dat zij nog lang zullen leven, en wees niet bang om het ook eens voor jezelf te zingen.

Inhoud